पुलवामा अटैक

पुलवामा अटैक

सच्ची घटनाओं पर आधारित उपन्यास

विकास त्रिवेदी व स्मिता अग्रवाल

प्र

प्रभात प्रकाशन

प्रकाशक

प्रभात प्रकाशन प्रा. लि.

4/19 आसफ अली रोड, नई दिल्ली–110002

फोन : 011–23289777 • हेल्पलाइन नं. : 7827007777

इ–मेल : prabhatbooks@gmail.com ❖ वेब ठिकाना : www.prabhatbooks.com

संस्करण

2025

अनुवाद

निशांत गोयल

पेपरबैक मूल्य

तीन सौ पचास रुपए

मुद्रक

आर–टेक ऑफसेट प्रिंटर्स, दिल्ली

PULWAMA ATTACK

by Vikas Trivedi & Smita Agarwal

(Hindi translation of 14/2 THE ATTACK ON PULWAMA)

First published in India in 2021 by Leadstart

(A brand of One Point Six Technologies Pvt. Ltd., Mumbai)

Published by **PRABHAT PRAKASHAN PVT. LTD.**

4/19 Asaf Ali Road, New Delhi-110002

ISBN 978-93-5521-065-4

₹ 350.00 (PB)

भारत की वीर सेना को
समर्पित

पुस्तक की पृष्ठभूमि

दो व्यक्तियों के बीच की दुश्मनी नश्वर है, हजारों व्यक्तियों के बीच की दुश्मनी दीर्घकालीन है और दो देशों के बीच की दुश्मनी—अजर-अमर है और दो देशों के बीच की ये अजर-अमर दुश्मनी उतनी ही अधिक उलझी हुई है, जितनी उन दोनों को अलग करनेवाली कँटीदार तार। इसके बावजूद, इन दोनों में से सही को चुनना बेहद आसान है। ये पूरी तरह से न्याय और अन्याय को लेकर आपकी सोच पर निर्भर करता है और बिल्कुल यही स्थिति भारत और पाकिस्तान की भी है, जहाँ भारत शांति के लिए लड़ता आया है और पाकिस्तान आतंक को पालता-पोसता आया है।

'नियंत्रण रेखा' दोनों के क्षेत्रों को परिभाषित करती है, हालाँकि पाकिस्तान के आतंकी शिविरों के लिए एल.ओ.सी. का कोई महत्त्व नहीं है और वे अपने एजेंडे के साथ आगे बढ़ते हैं। दोनों देशों के बीच छाई क्षणिक शांति तब भंग हुई, जब पुलवामा में भारतीय सेना के एक काफिले पर उनकी अपनी ही मातृभूमि में विस्फोटकों से हमला किया गया। बड़ी संख्या में भारतीय सैनिकों के हताहत होने के चलते देश के आम नागरिकों का गुस्सा सातवें आसमान पर पहुँच जाता है और एन.आई.ए. की जाँच के आदेश दिए जाते हैं।

बीते काफी समय से अपनी शांतिपूर्ण नीतियों, कूटनीतिक और चापलूसी भरे रवैये के लिए जाने जानेवाले भारत ने इस बार बदला लेने के लिए जवाबी

कार्यवाही करने का फैसला किया। पुलवामा विस्फोट के कुछ हफ्तों बाद, भारतीय वायुसेना ने एक अप्रत्याशित हवाई हमले को अंजाम दिया। रात के अँधेरे में, लेजर-निर्देशित बमों और सटीक लक्ष्यीकरण प्रणालियों से लैस, भारतीय लड़ाकू विमानों की एक टुकड़ी एल.ओ.सी. के उस पार पहुँचती है और एक पाकिस्तानी आंतकी शिविर को भारी बमबारी करके नेस्तनाबूद कर देती है, हालाँकि इस मिशन के पूरा होने तक, एक भारतीय पायलट दुश्मन के क्षेत्र में फँस जाता है।

दुनिया का कोई भी देश भारत के इस कदम पर सवाल नहीं उठाता है, पाकिस्तान इसे विश्वासघात का नाम देता है। भारतीय प्राधिकारी और वायुसेना अपने सबसे अच्छे पायलटों में से एक के भविष्य को लेकर मंथन करना शुरू कर देते हैं। सुरक्षा संस्थान भारतीय पायलट के बारे में किसी भी सुराग की तलाश में लग जाते हैं। राजनयिक अपने 'पूरे प्रयास' करना प्रारंभ कर देते हैं और दोनों देशों के बीच तनाव चरम स्थिति तक पहुँच जाता है।

इस बीच परदे के पीछे, एन.आई.ए. के जाँचकर्ता पुलवामा हमले की साजिश का पता लगाते हुए सुरागों को पाना शुरू कर देते हैं और एक बेहद विध्वंसक साजिश की परतें खुलने लगती हैं।

इसके बाद कहानी पाठक को प्रत्याशा से भरी हुई एक बेहद रोमांचक वृत्तांत में जकड़ लेती है। दो कहानियाँ अपनी राह पर चल रही होती हैं और एक ऐसे बिंदु पर आकर एक-दूसरे को काटती हैं, जो इसमें सम्मिलित हर किसी के भाग्य को बदल देती हैं। लेखकों ने अपने पूरे शोध के दौरान बहुत मेहनत की है, जिसमें वृत्तांत में शामिल प्रत्येक तत्त्व पहेली को सुलझाने के लिए खुद ही दूसरे में फीट हो जाता है!

कुल मिलाकर, एक बेहद दिलचस्प पुस्तक, जो पाठक को सीधे दोस्तों, दुश्मनों, खून, बंदूकों और जीत की वास्तविक दुनिया में ले जाएगी।

आभार

यह पुस्तक ऐसी वास्तविक घटनाओं और विवरणों पर आधारित है, जो पहले से ही सार्वजनिक डोमेन—जिनमें प्रिंट मीडिया और टी.वी. समाचार चैनल शामिल हैं—में उपलब्ध हैं। इस पुस्तक को पूरा करने में हमें दो साल का समय लगा और हमें काफी दौड़-धूप करनी पड़ी, क्योंकि इसकी सामग्री ही कुछ ऐसी थी। परिप्रेक्ष्य के बारे में अनुसंधान करने के अलावा, हमने पूर्व सैन्यकर्मियों, पत्रकारों, राजनीतिक विश्लेषकों, दार्शनिकों, राजनीतिक विशेषज्ञों और जम्मू-कश्मीर के स्थानीय निवासियों से बातचीत की।

हम भारतीय सैनिकों और उनके परिवारों के देश के प्रति साहस, अमूल्य सेवा, सर्वोच्च बलिदान और दृढ़ संकल्प के ऋणी हैं और उन्हें सलाम करते हैं।

जय हिंद!

अनुक्रम

1

युद्ध हर किसी के लिए घृणित है, चाहे वो सही हो या गलत!

वर्तमान समय

दुश्मन एफ-16 का पता चलते ही, अंतर्रोधन शुरू करते हुए विंग कमांडर आनंद वर्धमान ने ग्राउंड स्टेशन को सूचित किया। ग्राउंड कंट्रोल से आदेश मिला, "आगे बढ़ो, हमें सूचना देना जारी रखो।" भारतीय वायुसेना की एक शांतिपूर्ण सामान्य हवाई गश्त में एक रोमांचक मोड़ आ गया था। वे बहुत ही जल्द अपने बदमाश पड़ोसी द्वारा भारतीय सीमा पर नजर डालने की उम्मीद कर रहे थे, लेकिन पाकिस्तान ने बहुत ही जल्द इतने बड़े जोखिम भरा कदम उठा लिया था।

जमीन से 30,000 फीट ऊपर, कॉकपिट के अंदर मौजूद थे, भारतीय वायुसेना के सबसे कुशल पायलटों में से एक विंग कमांडर आनंद वर्धमान। वे एक प्रवीण पायलट, एक विवाहित पुरुष, वायुसेना के एक पूर्व दिग्गज के बेटे और एक ऐसे देशभक्त हैं, जिन्होंने अपने पूरे कॅरियर के दौरान किसी भी दुश्मन को भारतीय वायु क्षेत्र में घुसपैठ नहीं करने दी थी। आनंद और उनके मिग 'स्ट्राइकर'-21 को, उनके पूरे स्क्वाड्रन में, मजाक में अजेय कहा जाता था, हालाँकि समय मानव और मशीन की इस जोड़ी की अजेयता को परखने

के लिए बहुत बेकरार लग रहा था। उस दिन कुछ और ही होना लिखा था।

आनंद ने कुछ मिनटों तक उस ए.एफ-16 का पीछा किया। उस विमान की पूँछ पर पाकिस्तान वायुसेना के चिह्न बने हुए थे और उसने भारतीय सीमा में कुछ चक्कर भी लगाए थे। "आप एक अनधिकृत हवाई क्षेत्र में उड़ान भर रहे हैं।" आनंद ने दुश्मन के लड़ाकू विमान के साथ रेडियो संपर्क स्थापित करते हुए कहा, "अपनी पहचान स्पष्ट करें और अपने इरादों को जाहिर करें।" आनंद ने किसी गलतफहमी से बचने के लिए एक बिल्कुल स्पष्ट संदेश दिया। "अपने इरादे स्पष्ट करें, वरना आपको मार गिराया जाएगा, आप भारतीय वायु क्षेत्र में उड़ान भर रहे हैं।" उनकी आवाज रेडियो के जरिए ए.एफ.-16 के कॉकपिट में गूँज रही थी।

दोनों लड़ाकू विमान करीब 1 मैक की चौंका देनेवाली गति से एक-दूसरे से करीब डेढ़ मील की दूरी पर उड़ रहे थे। पाकिस्तानी ए.एफ-16 ने कोई जवाब नहीं दिया। वो दुश्मन की सीमा की ओर ऐसे उड़ता रहा, जैसे वो हवा में पीछा किए जाने से बचने की कोशिश कर रहा हो। "कमांड, दुश्मन का विमान कोई जवाब नहीं दे रहा है। कृपया उसे घेरने की अनुमति प्रदान करें, ओवर!" आनंद ने कमांड सेंटर से अनुरोध किया। लक्ष्य भले ही उनके बिल्कुल सामने था, लेकिन विंग कमांडर आनंद उसे ध्वस्त नहीं कर सकते थे। वे अंतरराष्ट्रीय संबंधों की जटिलताओं और उन गलतफहमियों से अच्छे से वााकिफ थे, जो उनके एक गलत कदम के परिणामस्वरूप पैदा हो सकती थीं। ए.एफ-16 पर उनका एक छोटा सा हमला भी दो एशियाई पड़ोसियों के बीच युद्ध की वजह बन सकता था। निर्णय लेने का समय, चाहे वो सही हो या गलत, आनंद के हाथों से फिसल रहा था। आनंद उन सूचनाओं को लेकर चिंतित थे, जो पाकिस्तानी विमान द्वारा इकट्ठा की जा चुकी हों या फिर यह ध्यान भटकाने की एक साजिश भी हो सकती है। भारत के दिग्गज योद्धा मीलों दूर बैठकर ही पाकिस्तान के गलत मंसूबों का अंदाजा लगा सकते थे।

दूसरी तरफ आई.ए.एफ. के कमांड सेंटर में, एयर वाइस मार्शल ने

नियंत्रण कक्ष में प्रवेश किया। 'सर' ग्रुप कैप्टन रोहन बरार ने ए.वी.एम. को बिगड़ती हुई स्थिति के बारे में विस्तार से जानकारी देने से पहले सलाम ठोका। "भारतीय जेट कौन उड़ा रहा है?" ए.वी.एम. ने ग्रुप कैप्टन बरार से पूछा। "आनंद वर्धमान सर।" उन्होंने जवाब दिया। "हम्म। आनंद से कहो कि फैसला उनके खुद के हाथ में है।" और ए.वी.एम. नियंत्रण कक्ष से बाहर निकल गए। रोहन ने बिना समय गँवाए रेडियो सेट अपने हाथों में लिया और आनंद तक उस संदेश को पहुँचाया, जो तब तक उस ए.एफ.-16 का पीछा करते हुए मीलों दूर निकल गए थे। "हॉक 1, हॉक 1, फैसला आपके हाथों में है!" और यह सुनते ही आनंद के चेहरे पर हलकी सी मुसकान छा गई। "ठीक है। मैं इस बास्टर्ड को गिरा रहा हूँ।" यह आनंद द्वारा उस दिन कॉकपिट से दिया गया अंतिम संदेश था।

कुछ क्षणों बाद

"वसीम, वसीम, मैं नीचे जा रहा हूँ या अल्लाह!" पाकिस्तानी वायुसेना के नियंत्रण कक्ष में बैठे सभी लोग रेडियो पर आ रही एक व्यक्ति की चीखों से दहल उठे। "क्या हो रहा है?" पाकिस्तान एयर कमांड चीफ फिरोज याहिया ने अपने दाँत पीसते हुए अपने मातहतों से पूछा। "जनाब, जनाब, हमारा एक जेट ध्वस्त हो गया है। फ्लाइंग ऑफिसर अरमान से हमारा संपर्क टूट चुका है।" कैप्टन वसीम ने याहिया को बताया और उन्हें उनकी तरफ से एक अप्रत्याशित प्रतिक्रिया आने का अंदाजा था। याहिया के चेहरे पर शिकन तक नहीं थी। वो आराम से खड़ा रहा, एक गहरी साँस ली और एक सिगार निकाला। उसने सिगार को जलाने से पहले वसीम से तस्दीक की, "क्या वो जीवित है···अरमान?" "हमने चिह्नित स्थान पर एक बचाव दल को भेज दिया है। हम उम्मीद कर रहे हैं कि मलबर हमारी सीमा के कुछ किलोमीटर के ही अंदर है।" कैप्टन वसीम बोले। रडार की स्क्रीन पर मौजूद नक्शे पर टिमटिमाते लाल बिंदु के चारों तरफ सिगार का धुआँ फैल गया।

पाकिस्तानी एल.ओ.सी. के कुछ किलोमीटर भीतर

किशोरावस्था के प्रारंभिक दौर से गुजर रहा एक लड़का धूल भरी ऊबड़-खाबड़ सड़क पर चला जा रहा था। वो दुनिया से पूरी तरह से बेखबर लग रहा था और अपने हाथ में पकड़े हुए लंबे से डंडे को गोल-गोल घुमा रहा था और लगातार कुछ मिनटों के बाद अपनी भेड़-बकरियों पर नजर डाल लेता था। वो अपने फटे-पुराने कपड़ों और पैरों को काटनेवाले जूतों को पहने हुए अपनी ही धुन में चला जा रहा था कि तभी एक धमाका उसे और उसकी भेड़-बकरियों के झुंड को डरा देता है। लड़का पीछे की ओर घूमता है और चिल्लाता है, "अब्बा, सलीम, अब्बा, अब्बा…" और वहाँ से दूर भागने की कोशिश करने लगता है, तभी उसकी नजरों के सामने एक भयानक विस्फोट होता है और उसके बाद आसमान में धुएँ का गुबार भर जाता है।

आसपास का क्षेत्र घबराहट और हड़बड़ाहट का साक्षी बनता है और कुछ ही समय में, स्थानीय निवासियों का एक समूह उस लड़के के दिखाए हुए रास्ते पर चलना शुरू कर देता है। उन सभी को एक-दूसरे से अलग पहचान पाना बिल्कुल नामुमकिन होता है, क्योंकि वे एक जैसे कपड़े पहने हुए होते हैं, उनकी प्रतिक्रियाएँ बिल्कुल एक समान होती हैं और वे सभी बिना रुके धमाकेवाली जगह की ओर बढ़ रहे होते हैं। "सलीम, उधर देखो," झुंड की आगुवाई कर रहा लड़का अपने बड़े भाई का ध्यान भीड़ से कुछ सौ मीटर की दूरी पर झाड़ियों के बीच तेजी से हिल रहे सफेद रंग के एक बड़े कपड़े की ओर दिलवाता है। "यह क्या है भाईजान?" वो अपनी डरी हुई भेड़-बकरियों के झुंड को दोबारा इकट्ठा करते हुए पूछता है। उसका बड़ा भाई सलीम पहले तो ऊपर आसमान की ओर देखता है और फिर उस हिलते हुए सफेद कपड़े की तरफ और अपने हाथों में एक पत्थर उठा लेता है।

भीड़ एल.ओ.सी. के पाकिस्तान वाले क्षेत्र में रहनेवाले ग्रामीणों की है। वे जैसे-जैसे धीमे कदमों के साथ बढ़ती हुई लपटों की ओर आगे बढ़ते

हैं, उनकी फुसफुसाहट बढ़ती जाती है। उस पूरी भीड़ का व्यवहार पूरी तरह से असभ्य था और बिल्कुल ऐसा प्रतीत हो रहा था, जैसे कुछ बड़ा ही 'असाधारण' सा घटनाक्रम घटित हुआ हो।

इस बीच दोनों भाई अपने कौतूहलवाले स्थान पर पहुँच गए। छोटे भाई ने एक बार फिर अपने बड़े भाई से पूछा, "यह क्या है भाईजान?" सलीम अपने छोटे भाई के सवालों को लेकर जरा भी फिक्रमंद नहीं था। वो जरा सा झुका और उस कपड़े के बड़े से टुकड़े की ओर आगे बढ़ा, जिसमें से नायलॉन की रस्सी के कई उलझे हुए टुकड़े बाहर लटक रहे थे। सलीम ने अपने छोटे भाई की तरफ हलकी सी मुसकराहट के साथ देखा, क्योंकि उसे मालूम था कि उनके सामने क्या पड़ा है। "यह एक पैराशूट है, लोग इसमें उड़ते हैं।" वो बोला, "चिड़िया की तरह," छोटे चरवाहे की उत्सुकता और अधिक बढ़ गई। सलीम ने छोटे चरवाहे के हाथ से छड़ी ले ली और पैराशूट के कपड़े को हौले से हिलाने लगा। कोई हलचल नहीं हुई। इसके बाद उसने अपने सीधे हाथ में एक पत्थर उठाया और उसे अपनी पूरी ताकत के साथ पैराशूट पर फेंककर पीछे की ओर भाग गया। उनके द्वारा बेहद नजदीक से की गई इस छानबीन के परिणामस्वरूप उन्हें झाड़ियों के बीच फँसे पैराशूट के नीचे से कराहने की आवाजें सुनाई दीं।

चरवाहे भाइयों द्वारा सबको इस बाबत सावधान करने के कुछ ही सेकंडों के भीतर पैराशूट के चारों तरफ भीड़ इकट्ठी हो गई। अनपढ़ और जाहिल लोगों की एक ऐसी भीड़, जो अपने हाथों में लाठी और पत्थर लिये हुए हो, के सामने होश में आना किसी भी व्यक्ति के लिए बेहद डरावना अनुभव हो सकता है और उस पैराशूट के नीचे जो कोई भी व्यक्ति था, वो स्पष्ट रूप से इन लोगों के क्षेत्र में फँस चुका था।

आग ने विमान के बचे हुए हिस्सों को अपने कब्जे में ले लिया था। पायलट उसमें से समय पर सुरक्षित बाहर निकलने में कामयाब रहा था। वो अब यहाँ, जमीन पर था, बेहाल अवस्था में और बेहद डरा हुआ। उसके

जीवन ने उसे एक और संकट में धकेल दिया था और यह एक ऐसा संकट था, जिससे बच निकलना और भी अधिक कठिन था। वो व्यक्ति लाठियों की कुछ चोट पड़ने पर बेहोशी से जागा। वो गहरी-गहरी साँसें ले रहा था, उसका पूरा शरीर पसीने और खून से लथपथ था और उसका मस्तिष्क इस बात का अंदाजा नहीं लगा पा रहा था कि वो किस स्थिति में है।

लोग उसकी तरफ ऐसे देख रहे थे, जैसे भीड़ में कोई आदिमानव घुस आया हो और साथ ही यह समझने की कोशिश भी कर रहे थे कि वो कहाँ से आया है और आसमान से वहाँ क्या करने के लिए उतरा है, जैसे ही वो पायलट अपने होशोहवास को जरा सा काबू कर पाया, उसके मुँह से खून की धार बह निकली और खून को जमा देनेवाली उसकी चीख ने निश्चित कर दिया कि उसका दाहिना पैर टूट गया है। "शैतान, शैतान, काफिर।" वे सभी एक साथ चिल्लाने लगे। कुछ लोगों ने अपने हाथों में पत्थर उठा लिये, जो ईंट से कम भारी नहीं थे और कुछ के हाथों में खेती में काम आनेवाले स्थानीय रूप से बने औजार थे। भीड़ ने पीट-पीटकर आसमान से गिरे पायलट की जान ले ली। कुछ लोग उसकी खाल उतारने की बात कर रहे थे तो कुछ उसे जिंदा ही जला देने के पक्ष में थे। इसके साथ ही भोले-भाले ग्रामीण अपने अँधेरे पक्ष को उजागर कर रहे थे। वो मंजर पूरी तरह से बदसूरत, डरावना और उपहास के लायक था।

एक क्षण के लिए मानवता ने यह साबित कर दिया कि वह अपनी इच्छा के अनुसार ईश्वर और शैतान बनने में सक्षम है। अगर भगवान् से वरदान मिले तो वो हर बार शैतानी काम करने को चुनता है और ईश्वर को समाज की कल्पना तक ही सीमित कर देता है। सलीम और उसका छोटा भाई फटी हुई आँखों से उस पूरे मंजर को देख रहे थे। सलीम, जो अब 16 साल का हो चुका था, से अपने गाँव के रीति-रिवाजों के हिसाब से एक 'आदमी' बनने की उम्मीद की जाती थी और हो सकता है कि मर्द बनने की इसी अभिलाषा के चलते उसने अपनी पूरी ताकत लगाकर, वो

पत्थर उस व्यक्ति की ओर फेंका हो, जिसने उसके माथे पर एक गहरा घाव दे दिया। उसका निढाल शरीर वहाँ पड़ा था और जाहिलों की भीड़ उसका खून से सना हुआ सामान लूटने में लगी हुई थी। एक रेडियो, एक 9 एम.एम. की ग्लॉक और कुछ सिगार उनके इस 'शिकार' का जश्न मनाने के लिए काफी थे।

उस घटनावाले स्थान से कुछ सौ मीटर के फासले पर, एक हरे-भरे, लेकिन सुनसान वीपिंग विलो के पेड़ के पीछे से आनंद उस सारे घटनाक्रम को शुरू से ही देख रहे थे।

वो दुश्मन को अच्छे से जानते थे, लेकिन उन्होंने सपने में भी उनके इस रूप के बारे में सोचा तक नहीं था। यह तो सिर्फ ग्रामीण थे। "हो सकता है कि वे इन्हें भी यह सोचते हुए ऐसे ही मार डालें कि वे भारतीय हैं।" भारतीय विंग कमांडर ने अपने मन में सोचा, हालाँकि वे जिस स्तर के खतरे में फँसे हुए थे, उसकी तीव्रता और गंभीरता से वे भीतर तक हिल गए थे, लेकिन इसके बावजूद आनंद ने अपना आपा नहीं खोया।

यह उनके लिए बड़ी राहतवाली बात थी कि ग्रामीणों को अपने आसपास के क्षेत्र में 'एक और' पायलट के होने का अंदाजा तक नहीं था।

आनंद जितना धीरे बोल सकते थे, उन्होंने उतनी धीमी आवाज में भारतीय बेस स्टेशन को संदेश दिया, "हॉक 1 धराशायी हो चुका है, मैं बिल्कुल ठीक हूँ। एक विमानभेदी बंदूक ने मुझे अपना निशाना बना लिया।" वे बोले। उनके लिए फिलहाल यह आवश्यक था कि वे उस बड़े से विलो के पेड़ की आड़ में ही रहें और वहाँ से सुरक्षित बच निकलने की तरकीब सोचें। उन्होंने मन-ही-मन सोचा, 'मुझे उम्मीद है कि पाकिस्तान ने मेरे रेडियो संदेश को इंटरसेप्ट न किया हो।' हालाँकि उनके पास दूसरा कोई विकल्प भी नहीं था।

आनंद ने एक छोटा सा अल्पप्रभावी ब्रीफकेस निकाला, जो छोटा, लेकिन मोटा था और अपने लड़ाकू पायलटवाले मस्तिष्क से काम लेना शुरू

किया। उन्होंने एक झटके के साथ उसे खोला और अपनी एम.-9 को अपने कब्जे में लिया, एक ऐसा विश्वसनीय हथियार, जो उस मुसीबत भरे समय में उनमें जरूरी आत्मविश्वास पैदा करने के लिए काफी था। उन्होंने उसमें 15 राउंड की मैगजीन लोड की, उसे अपनी कमर में खोंसा और अपने पास मौजूद नक्शा निकाल लिया। उसमें एक छोटी सी हैंडबुक भी थी, जिसका शीर्षक था—'लैंड सरवाईवर हैंडबुक फॉर एयरफोर्स पायलट्स'।

उसके अलावा उस बक्से में एक चाकू, एक लाइटर और कुछ उच्च कैलोरी वाले खाद्य पदार्थ मौजूद थे। आनंद ने विलो के पेड़ के पीछे से उस भीड़ को और दूर जाते हुए देखा, जो बेतहाशा चिल्ला रहे थे और मारे गए पायलट की बंदूक से अंधाधुंध गोलियाँ चला रहे थे।

वे बैठ गए और चॉकलेट की एक पट्टी खोली। आनंद का शरीर अभी भी एक हलके से सदमेवाली स्थिति में था, क्योंकि उन्होंने विमान से बाहर निकलने की प्रक्रिया के दौरान काफी तनाव और प्रभाव झेला था। शुक्र की बात यह रही कि उनके मार्टिन-बेकर की इजेक्शन सीट ने उन्हें धरती पर सही-सलामत उतार दिया। मस्तिष्क और शरीर पर पड़े भारी तनाव के बावजूद आनंद ने चॉकलेट, सिगरेट और संत्रास की जगह शांत रहने को चुना। उन्होंने चॉकलेट को चबाते और सिगरेट के धुएँ को उड़ाते हुए एक नक्शे और मिशन से जुड़े कुछ कागजों को निकाला। आनंद अपने विमान की मौजूदा स्थिति को और बारीकी से जानना चाहते थे। उनकी इजेक्शन सीट में एक बेहद शक्तिशाली बीकन लगा हुआ था, जिसकी मदद से वे बिना दुश्मन की नजर में आए भारतीय सुरक्षा बलों से संपर्क स्थापित कर सकते थे। उन्होंने नक्शे पर उस स्थान का अंदाजा लगाते हुए सोचा, 'वो इस स्थान से कुछ मील दूर दक्षिण दिशा में होना चाहिए।'

अचानक, सामने हुई एक हलचल ने आनंद के ध्यान को भंग किया। भूरे और सफेद रंग के बालों से भरे हुए एक जोड़ी पैर। वो एक बकरी थी। उन्होंने राहत की साँस ली, हालाँकि यह कुछ ही सेकंडों के लिए थी और तभी

आनंद को बकरी से करीब बीस फीट की दूरी पर खुद को घूरती दो जोड़ी आँखें दिखाई दीं। सलीम के छोटे भाई ने आनंद को उनकी वरदी में देखा। उसे वो बिल्कुल 'पिछले' वाले जैसा ही लगा और आनंद अपने चेहरे पर कोई अभिव्यक्ति लाए बिना, कुछ खतरनाक, लेकिन सहजता के साथ विलो के तने को पकड़कर खड़े हो गए।

विभिन्न केंद्रीय विद्यालयों में शिक्षा प्राप्त करने के चलते आनंद के लिए बिल्कुल नए परिवेश में खुद को समायोजित करना और उसके अनुकूल ढल जाना औरों के मुकाबले तुलनात्मक रूप से अधिक आसान था। वो मुख्यत: एक बहिर्मुखी व्यक्ति थे और बहुत ही जल्द नई दोस्ती गाँठ लेते थे और अपने स्कूली जीवन के अधिकांश हिस्से में क्रिकेट और फुटबॉल टीम का हिस्सा भी थे।

उन्होंने अपनी शारीरिक हलचलों को काबू में रखने का पूरा प्रयास किया, ताकि वो बच्चा उनसे डरे न और अपनी एम.-9 तक पहुँचे। आनंद ने उस बच्चे की ओर बिना देखे ही बड़े प्यार से पूछा, "बच्चे, तुम्हारा नाम क्या है?" तब तक करीब 50 बकरियों ने उन दोनों को चारों ओर से घेर लिया था। "क्या तुम्हें चॉकलेट खाना पसंद है?" और उन्होंने एक बच्चे की ओर उछाल दी। बच्चे ने चॉकलेट उठाई और मुसकरा दिया। उसके असमान और गायब दाँत धूप में चमक उठे। यह आनंद के लिए बेहद राहतवाली बात थी।

विलो से थोड़ी ही दूरी पर, एक व्यक्ति ने आनंद को अपने हमले की जद में ले रखा था और वो उसकी जान लेने को बेकरार था। उसकी आँखें भारतीय पायलट और उस बच्चे को आपस में कुछ चीजों का आदान-प्रदान करते और घुलते-मिलते हुए देख सकती थीं। विंग कमांडर ने स्थितियों पर काबू पा लिया था और उन्होंने अपनी अल्पप्रभावी किट को बंद करना शुरू कर दिया। उन्होंने अपने नए मित्र से पूछा, "यहाँ से झील कितनी दूर है, रहमान?" रहमान ने सूखे मेवे लगी चॉकलेट खाते हुए जवाब दिया,

"अधिक नहीं, अगर हम पैदल चलकर जाएँ तो कुछ ही मिनटों में वहाँ तक पहुँच सकते हैं।" तभी एक ग्रामीण ने आनंद के सिर को निशाना बनाने की कोशिश की।

उन्होंने झुककर खुद और रहमान को बचाया और अपनी एम.-9 तक पहुँचे। उन्होंने तुरंत रेडियो संदेश भेजा, "मैं संकट में फँस चुका हूँ। दुश्मन मुझे देख चुका है। मैं अपने मौजूदा स्थान से दक्षिण दिशा में जेट की ओर बढ़ रहा हूँ, अगर आप इस भाग में मेरे बारे में कोई सुराग लगा सकते हैं तो प्रयास करें।" आनंद ने अपने नन्हे दोस्त से भागने को कहा और उसने ऐसा ही किया। एक अंधाधुंध लड़ाई में गोलियाँ बरबाद करने का कोई फायदा नहीं था। आनंद के पास गोला-बारूद बेहद सीमित मात्रा में था, जिसे उन्होंने बिल्कुल आमने-सामने की लड़ाई के लिए 'अंतिम हथियार' के तौर पर बचाए रखना आवश्यक समझा।

उन्होंने दौड़ना शुरू किया और दौड़ते ही रहे, यद्यपि उनका शरीर उन्हें ऐसा करने की अनुमति नहीं दे रहा था, उनकी साँस उखड़ रही थी, वे अपना ध्यान केंद्रित नहीं कर पा रहे थे और एक स्थिर गति से भागना उनके लिए काफी मुश्किल साबित हो रहा था। मानव शरीर की भी आखिरकार कोई सीमा होती है। आनंद को दुश्मन के क्षेत्र में अपने को ताकत देने के लिए कुछ ग्लूकोज लेने और सूखते गले को तर करने के लिए रुकना पड़ा, लेकिन झील का कहीं कोई नामोनिशान तक नहीं था। उन्होंने पहले अपने बाएँ कंधे पर नजर डाली और फिर दाएँ कंधे पर। कोई हलचल नहीं। जरा भी नहीं। उन्होंने खुद को कुछ पेड़ों की छाया के बीच फँसा पाया, जो बेहद घने तो नहीं थे, लेकिन इतने बड़े जरूर थे कि उन्हें आसानी से ढक सकें।

वे सो गए और उन्होंने अपने शरीर और मस्तिष्क को शांत करने के प्रयास के दौरान अपने जीवन के कुछ सबसे महत्त्वपूर्ण फैसलों को आने का मौका दिया। अपने साथ के बाकी के बच्चों की तरह, उन्होंने भी कच्ची उम्र में एक क्रिकेट खिलाड़ी बनने का सपना देखा था। उन्हें लगता था कि भारतीय

क्रिकेट टीम के लिए सलामी बल्लेबाज के रूप में मैदान में उतरना शानदार रहेगा और वे टी.वी. पर क्रिकेट के अपने पसंदीदा सितारों को देखने में आनंद लेते थे, लेकिन पूरे भारत और उसके परे के लाखों बच्चों के लिए नायक बनने का विचार—कैसे एक किशोर को अपनी ओर आकर्षित नहीं कर सकता था? उनके मस्तिष्क में ऐसे विचार आते गए और उन्हें नींद का एक झटका लग गया, जिसमें एक रुकावट के चलते खलल आ गया।

अब इसे भाग्य कहें या ईश्वर की इच्छा या कर्म या फिर ब्रह्मांड की यादृच्छिकता कि आनंद जब नींद से जागे तो वे ग्रामीणों से घिरे हुए थे। बिल्कुल वही चेहरे, वही गुस्सा, वही हथियार और वही इरादे। एक क्षण के लिए तो उस साहसी भारतीय पायलट को लगा कि आज उसका खेल खत्म हुआ। अपनी खुद को बचाने की सहज प्रवृत्ति के चलते उनका हाथ सबसे पहले अपनी पिस्तौल की बेल्ट तक पहुँचा, लेकिन वो खाली थी। एक निहत्थे आनंद, अब ऐसी जाहिल शक्तियों की दया पर थे, जिनकी किसी से तुलना करना संभव ही नहीं था, लेकिन वे किसी भी व्यक्ति को बहुत आसानी से काट सकते थे। उनके कंधे पर लगी 'आई.ए.एफ.' की पट्टी अलग से दिखाई दे रही थी और आनंद ने अपनी आँखें मूँद लीं, क्योंकि वहाँ से भाग निकलने के बारे में सोचना तक बेमानी था। उन्हें अपने पिता, भारतीय वायुसेना के एक पूर्व अधिकारी की याद सता रही थी, सिर्फ उनकी वजह से ही, आनंद अपने भीतर इस बारे में कई चीजें समाहित करने में सफल रहे कि भारतीय सशस्त्र बलों में एक अधिकारी होने का क्या मतलब है और उसके लिए किस प्रकार का जीवन जीना पड़ता है—खुशियों का आनंद लेने के साथ-साथ बलिदान किया जाना भी बेहद आवश्यक है।

कुछ सबसे ताकतवर व्यक्तियों, जो गाँव के कसाई थे, ने उन्हें उनकी गरदन से पकड़ लिया और उन्हें बुरी तरह से पीटना शुरू कर दिया। आनंद की सीधी आँख काली पड़ गई। उनका मस्तिष्क सुन्न हो गया। उनके दाहिने पाँव पर किए गए कुछ प्रहारों ने उन्हें बुरी तरह से घायल कर दिया और वो शायद टूट गया। वे दर्द से चिल्लाए, लेकिन उन्होंने खाल उतारने को आमादा

भीड़ के सामने अति संवेदनशीलता को छिपाए रखा। उनका चेहरा अब तक ताजे खून से सन चुका था, उनके सामान को लूटा जा चुका था और उनकी उलटी गिनती बस शुरू ही होनेवाली थी।

मानवता ने एक–दूसरे के साथ और इस ग्रह के साथ जो कुछ किया, उससे बुरी तरह से आहत सूर्य अस्त ही होनेवाला था कि तभी कुछ ही दूरी पर असॉल्ट राइफलों से की गई हवाई गोलीबारी ने उस समूचे घटनाक्रम को रोक दिया। कुछ जीप, एक बख्तरबंद गाड़ी और कुछ पैदल सैनिक मौके पर पहुँचे। "उस आदमी को अकेला छोड़ दो!" पाकिस्तानी सशस्त्र बलों के एक अधिकारी ने उन्हें आदेश दिया, लेकिन वो भीड़ पूरी तरह से असभ्य, जिद्दी और बेहद आक्रामक थी। उन्होंने आनंद को पाकिस्तानी सुरक्षा बलों के हवाले करने से इनकार करते हुए उनपर हमला करना जारी रखा। वे विंग कमांडर आनंद को जिंदा जला देने पर आमादा थे, हालाँकि असॉल्ट राइफलें कई बार मौका देखकर असफलतापूर्वक अपना मन बदलती आई हैं।

□

2

भारतीय वायुसेना का बालाकोट हवाई हमला और भारतीय सरकार

कुछ दिनों से...

पुलवामा हमला होने के बाद भारतीय सशस्त्र बल सतर्कता के उच्चतम स्तर पर पहुँच गए थे, उन्हें इस बात की पूरी उम्मीद थी कि राजनीतिक नेतृत्व उन्हें जवाबी काररवाई के तौर पर पाकिस्तान को समानुपातिक क्षति पहुँचाने की अपेक्षित अनुमति देगा। इसमें वायुसेना की कोई भूमिका होगी भी या नहीं, यह तय नहीं था, लेकिन फिर भी आई.ए.एफ. ने अपनी तरफ से इसकी पूरी तैयारी कर ली थी कि वो किस प्रकार से बदले की काररवाई को अंजाम दे सकती है।

ये युद्ध योजनाएँ 1971 के युद्ध के साथ-साथ कारगिल युद्ध में भारत के अनुभव के आधार पर तैयार की गई थीं। ऑपरेशन सफेद सागर सफल रहा था, हालाँकि पाकिस्तान ने अपने कब्जे में आए एक पायलट को प्रताड़ित करके युद्ध अपराध को अंजाम दिया था।

उस युद्ध के दौरान आई.ए.एफ. को एल.ओ.सी. के भीतर ही उड़ान भरने को मजबूर किया गया था। मिराज-2000 एच. ने अपने सटीक स्थान पर हमला करने की क्षमता का प्रदर्शन कर खुद को साबित किया था।

पुलवामा हमले के बाद राजनीतिक नेतृत्व में बैठकों का दौर शुरू हुआ। सुरक्षा मामलों से जुड़ी मंत्रिमंडलीय समिति ने तीनों सेनाओं के प्रमुखों के साथ बैठक की। कैबिनेट सचिवालय ने तीनों प्रमुखों को अति-गोपनीय युद्ध योजनाओं को तैयार करके लाने के लिए कहा था।

मंत्रिमंडल के सामने कई विकल्प प्रस्तुत किए गए। बालाकोट में स्थित आतंकी प्रशिक्षण शिविरों पर हवाई हमले के विकल्प को सबसे बेहतरीन विकल्प माना गया, क्योंकि इसमें आम लोगों के किसी भी प्रकार से हताहत होने की सबसे कम संभावना थी।

मंत्रिमंडल ने आतंकी प्रशिक्षण शिविरों पर बमबारी की योजना को हरी झंडी दिखाई। भारतीय वायुसेना को अगले कुछ हफ्तों के भीतर ऑपरेशन की योजना तैयार करने की खुली छूट दे दी गई। सेवाओं के प्रमुखों ने रोजाना मुलाकात की, ताकि वे जवाबी हमले और पाकिस्तान की तरफ से होनेवाली किसी भी संभावित प्रतिक्रिया को लेकर योजना तैयार कर सकें।

तीनों सेनाओं के प्रमुखों को बालाकोट स्थित शिविरों के उपग्रह से खींचे गए चित्र दिखाए गए। भारत की तकनीकी खुफिया जानकारी जुटानेवाली एजेंसी ने बालाकोट क्षेत्र के सेलफोन नेटवर्क को टेप किया था और वे इस नतीजे पर पहुँचे थे कि वहाँ पर मौजूद शिविरों में सैकड़ों की संख्या में आतंकी 'प्रशिक्षु' रह रहे हैं।

सभी के बीच इस बात को लेकर सहमति थी कि यह एक वैध सैन्य लक्ष्य है। बमबारी मिशन को लेकर विस्तार से चर्चा की गई। यह पाकिस्तान की सीमाओं के काफी भीतर तक होनेवाला एक अभूतपूर्व हवाई हमला होनेवाला था—कुछ ऐसा, जो 1971 के बाद से नहीं हुआ था।

हथियारों और उन्हें प्रतिपादित करनेवाले विकल्पों का भी बारीकी से विश्लेषण किया गया। कारगिल युद्ध के बाद से भारत की सटीक लक्ष्य को भेदनेवाली युद्ध सामग्री में काफी बढ़ोतरी हो चुकी थी। मिशन को अंजाम देने के लिए उन्नत मिराज और जगुआर विमानों के रूप में विभिन्न विकल्प भी

सामने मौजूद थे। ए.डब्ल्यू.ए.सी.एस. प्लेटफॉर्मों और हवा में ही ईंधन भरने की क्षमता ने ऐसे कई जटिल विकल्पों को सामने रख दिया, जो दुश्मन को भ्रमित करने के लिए काफी थे।

यह तय किया गया कि पाकिस्तान के सैन्य रणनीतिकारों को भ्रमित करने के लिए हमारे लड़ाकू विमान पंजाब के अग्रिम वायुसेना बेस से उड़ान भरेंगे। बालाकोट पर होनेवाली असल बमबारी के काम को अंजाम देने का जिम्मा आंतरिक क्षेत्र से उड़ान भरनेवाले बमवर्षक विमानों को सौंपा गया।

एक निश्चित तारीख को लेकर सहमति बनी। चीजों को बिल्कुल रोजमर्रा के ढर्रे पर ही चलने दिया गया, ताकि यह सुनिश्चित किया जा सके कि पाकिस्तान को इस बात का जरा भी शक न हो कि 26 फरवरी की रात को क्या होने जा रहा है। यहाँ तक कि सेवानिवृत्त हो रहे पश्चिमी वायु कमान के प्रमुख का सेवानिवृत्ति समारोह भी पूर्व-निर्धारित कार्यक्रम के अनुसार ही आयोजित हुआ।

दिन के ढलकर शाम में बदलने और फिर रात के गहरा जाने के बाद लड़ाकू विमानों ने करीब दस वायुसेना बेसों से उड़ान भरी। यह एक बेहद जटिल ऑपरेशन था, जिसमें हजारों वायु सैनिक सम्मिलित थे। झाँसा देनेवाले लड़ाकू विमानों ने बाड़मेर का रुख किया और फिर वापस लौटने से पहले पाकिस्तान की ओर मुड़ गए। हमला करनेवाले मुख्य लड़ाकू विमान, जिनमें मिराज-2000 शामिल था, ने ग्वालियर से उड़ान भरी और पाकिस्तान के रडारों और हवाई सुरक्षा को गच्चा देते हुए बिना समय गँवाए पाकिस्तान में प्रवेश कर गए।

उनका साथ देने के लिए हवा में काफी ऊपर उड़ रहे ए.डब्ल्यू.ए.सी. की सुविधा भी उपलब्ध थी। कुछ ही मिनटों के भीतर बालाकोट उनके हमले की जद में आ गया और मिराज के पायलटों ने अपना लक्ष्य निर्धारित करके गोला-बारूद दाग दिया। इसके बाद वे वापस भारत की ओर मुड़े और जल्द ही पाकिस्तान के वायु क्षेत्र से बाहर आ गए, हालाँकि पाकिस्तानी एफ-16 ने

भी उड़ान भरी। इससे पहले कि पाकिस्तान इस बारे में कुछ कर पाता, भारत के वायु सैनिक सुरक्षित अपने घर लौट आए।

अगले दिन, पाकिस्तान ने सबसे पहले इस बात की सार्वजनिक घोषणा की कि भारत ने उसपर हमला किया है। पाकिस्तान ने दावा किया कि भारत ने उसके हवाई क्षेत्र में घुसपैठ करने का प्रयास किया और साथ ही यह भी दावा किया कि पाकिस्तानी लड़ाकू विमानों ने भारत के प्रयासों को विफल कर दिया। पाकिस्तान ने तो यहाँ तक दावा किया कि भारतीय लड़ाकू पायलटों को जल्दबाजी में अपना गोला-बारूद गिराना पड़ा और पाकिस्तान को कोई नुकसान नहीं हुआ।

भारत ने भी आधिकारिक तौर पर हवाई हमलों की घोषणा करते हुए घोषणा की कि बालाकोट में स्थित आतंकी प्रशिक्षण शिविरों को निशाना बनाया गया और सफलतापूर्वक ध्वस्त किया गया।

पाकिस्तान ने अगले दिन भारत के हाथों हुए इस अपमान का बदला लेने के इरादे से अपने एफ-16 विमानों को भारत की ओर आगे बढ़ाया। आनंद सहित भारतीय पायलट पाकिस्तानी एफ-16 विमानों से निबटने के लिए पूरी तरह से तैयार बैठे थे।

भारत में जब भी कोई वायुसेना का एक पायलट बनने के विकल्प का चुनाव करता है तो उसे इस काम में अंतर्निहित खतरों के बारे में पहले से ही पूरी जानकारी होती है या फिर कम-से-कम, उन्हें उन खतरों के बारे में पता तो होना चाहिए, ताकि वे सबकुछ जानने के बाद ही कोई निर्णय लें।

आनंद भी अपने आसपास के लोगों को भौतिक लाभ लेते हुए एक-एक सुरक्षित नौकरी का आनंद उठाते हुए देख रहे थे। लंदन से लेकर ह्यूस्टन और सिलिकॉन वैली तक लोग 'नए मौके प्रदान करनेवाले स्थानों' की ओर झुक रहे थे। अपनी युवावस्था में आनंद सशस्त्र बलों में एक अधिकारी के रूप में सामने आनेवाली विभिन्न चुनौतियों से निबटते हुए जीवन जीने के बारे में सोचते रहते थे।

और जब उनके इस अवश्यंभावी प्रवेश परीक्षा में शामिल होने का समय आया तो उन्होंने सफलतापूर्वक एन.डी.ए. की परीक्षा उत्तीर्ण की और एकादमी में एक सज्जन कैडेट बन गए।

अकादमी में बिताए गए तीन साल उनके लिए शारीरिक और भौतिक दोनों ही प्रकार से विकास के समय साबित हुए और उन्होंने इस दौरान मूलभूत भौतिकी और इंजीनियरिंग गणित की अवधारणाओं को सीखा। उनका अधिकांश समय इलेक्ट्रॉनिक्स अवधारणाओं के बारे में जानने का प्रयास करने में बीता, जैसे सेमीकंडक्टर और वे कैसे काम करते हैं। उन्हें इलेक्ट्रॉनिक्स के बारे में सबकुछ बेहद पसंद था—सैद्धांतिक और व्यावहारिक दोनों ही। उन्होंने विभिन्न इलेक्ट्रॉनिक सर्किट, गेट और डिजिटल सिग्नल प्रोसेसिंग के बारे में सीखा।

एन.डी.ए. खत्म करने के बाद, वे वायुसेना अकादमी में शामिल हो गए। उन्होंने एक फ्लाइंग कैडेट के रूप में, एयरक्राफ्ट कंट्रोल के सिद्धांतों के बारे में सीखा—पतवार और एलेरॉन और विंड शीयर सहित और भी कई चीजों के बारे में।

उन्होंने ग्लाइडर्स पर प्रशिक्षण लेना प्रारंभ किया—पहले एक प्रशिक्षक के साथ और फिर अकेले उड़ान भरनी शुरू की। अकादमी में अपना एक साल का प्रशिक्षण पूरा करने के बाद, उन्हें एक उड़ान अधिकारी के रूप में वायुसेना में कमीशन किया गया।

उनकी पहली तैनाती हलवारा एयरफोर्स स्टेशन पर थी।

आनंद को शुरुआत में मिग-21 उड़ाने की जिम्मेदारी सौंपी गई थी। आनंद को यह बात बहुत अच्छे से पता थी कि यह सुखोई तक पहुँचने की दिशा में प्रारंभिक कदम है। मिग-21 पर महारत हासिल करना काफी चुनौतीपूर्ण था। आनंद की दिनचर्या बेहद व्यस्तता भरी थी, जिसमें उड़ान प्रशिक्षकों द्वारा दिए जानेवाले कक्षा प्रशिक्षण के साथ मिग-21 की दैनिक प्रशिक्षण उड़ानें भी शामिल थीं।

लड़ाकू विमान बहुत तेजी से तो उड़ते हैं, लेकिन करीब एक घंटे में ही उनका ईंधन समाप्त हो जाता है और इन्हें दोबारा ईंधन की आवश्यकता होती है। इस बात को ध्यान में रखते हुए, आनंद के मिग-21 प्रशिक्षण में यह सीखना भी शामिल था कि दुश्मन के विमान को हवाई मुकाबले में कैसे घेरा जाए।

□

3

किसी भी युद्ध की कीमत : दर्द

14 दिन पहले

क्लिंटन जोसफ, राष्ट्रीय जाँच एजेंसी (एन.आई.ए.) के प्रमुख जाँच अधिकारी, औचित्य, तर्क और तथ्यों पर विश्वास करनेवाले व्यक्ति थे। वे उन व्यक्तियों में से एक थे, जिनके लिए न्याय ही सबकुछ था, क्योंकि वे पूरी तरह से निष्पक्ष थे और अपनी भावनाओं पर काबू पा चुके थे। श्रीमान जोसफ अपने पूरे कॅरियर के दौरान कई ऐसे जटिल मामलों को सुलझा चुके थे, जिन्हें सामान्य लोगों द्वारा असंभव समझा जाता था, हालाँकि उनकी विशेषज्ञता आतंकी गतिविधियों और उनके पीछे काम करनेवाले मस्तिष्कों की जाँच करना था।

वो धरती का स्वर्ग कहे जानेवाले श्रीनगर की एक सुहावनी सुबह थी और क्लिंटन जोसफ अपने सरकारी बँगले के हरे-भरे बगीचे में सुबह की चाय का आनंद ले रहे थे। कई एकड़ में फैले पहाड़ों की पूरी शृंखला, दूर कहीं आजादी का खयाल दिलवाता चिड़ियों का चहचहाना, धरती की प्यास को बुझाते बिल्कुल साफ और स्वच्छ पानी के सोते और आबोहवा में घुली प्रकृति की अपनी एक अलग खुशबू मौसम को ऐसा खुशगवार रूप दे रहे थे, जिसमें सबसे पत्थर दिल भी पिघल जाएँ।

हालाँकि जोसफ न तो दिल से आशिकाना थे और न ही वे कोई कवि

थे। उन्हें शतरंज खेलने, राइफलों से गत्ते के लक्ष्यों पर निशाना साधना और कुत्तों को प्रशिक्षित करने का शौक था। उनका अपनी पत्नी से पाँच साल पहले तलाक हो चुका था और उन्होंने जीवन में दोबारा कभी प्रेम न करने का फैसला कर लिया था। बहरहाल, वे खुद से ही झूठ बोल रहे थे, क्योंकि उन्हें बहुत पहले ही इस खूबसूरत भारतीय शहर से प्रेम हो चुका था!

वह दिन पूरी तरह से अलग था। उन्होंने जैसे ही अपनी कॉफी खत्म की और वे नई दिल्ली में रक्षा मंत्रालय के प्रमुख सचिव के साथ हुई अपनी बैठक के बारे में सोच ही रहे थे कि तभी उनके मोबाइल फोन की घंटी बज उठी। उन्होंने फोन उठाया और बोले, "हैलो, जय हिंद, सर!" फोन के दूसरी तरफ मौजूद व्यक्ति बोले, "जय हिंद, जोसफ! मेरी बात ध्यान से सुनो। यहाँ पर मंत्रालय में रेड अलर्टवाली स्थिति है, तुरंत रिपोर्ट करो।" क्लिंटन ने जवाब दिया, "तुरंत, सर!" "जितनी जल्दी हो सके उतनी जल्दी पुलवामा पहुँचो! श्रीनगर हवाई अड्डे पर एक हेलिकॉप्टर आपका इंतजार कर रहा है। वहाँ पहुँचते ही सी.आर.पी.एफ. के असिस्टेंट कमांडेंट से मिलें।" दूसरी तरफ से बेहद स्पष्ट शब्दों में बोला गया। "आखिर हुआ क्या है, सर?" "सी.आर.पी.एफ. के 44 सैनिक शहीद हुए हैं। हमें आतंकी काररवाई की आशंका है। एक बार वहाँ पहुँचते ही मुझे सूचित करो।" फोन के दूसरी तरफ से आवाज के बंद होते ही क्लिंटन ने अपना मोबाइल फोन अपनी जेब में रखा, डनहिल की सिगरेट का पैकेट जेब से बाहर निकाला और एक सिगरेट सुलगाई, जैसे उन्हें इसकी ही जरूरत थी।

"पॉवेलजी, कार तैयार कीजिए, हम हवाई अड्डे के लिए निकल रहे हैं।" जोसफ ने कुछ याद करते हुए तेजी से बँगले के अंदर घुसते हुए आवाज लगाई। वे एक ऐसे कमरे के भीतर पहुँच गए, जिसमें धातु की कुछ छोटी, लेकिन बेहद भारी अलमारियाँ मौजूद थीं। उन्होंने नंबर पैड पर अंकित अंकों में से आठ अंकों को दबाया और अलमारी अपने आप ही खुल गई। क्लिंटन ने एक काले रंग का पाउच निकालकर पलंग की ओर फेंका, लेकिन ऐसा करने से पहले उन्होंने उसमें से कागज का एक छोटा सा टुकड़ा निकालकर

अपने हाथों में ले लिया। क्लिंटन ने कागज के उस टुकड़े को अपनी नजरों के सामने रखा और एक हैरान व्यक्ति की तरह एकटक होकर उसे देखने लगे। उस कागज के पुरजे पर चुनिंदा शब्द और कुछ संख्याएँ लिखी हुई थीं। कुछ साल पूर्व एक संदिग्ध द्वारा एन.आई.ए. को एक बयान दिया गया था। वो कागज के उस छोटे से टुकड़े में दर्ज था।

क्लिंटन ने जल्दी से अपना ब्रीफकेस तैयार किया, अपनी दाहिनी कलाई पर अपनी स्टील की हाथघड़ी बाँधी, अपनी सरकारी पिस्टल को कमर में खोंसा, अपने नोटपैड, मीमो को उठाया और अपनी पुरानी, लेकिन अच्छे से रखी गई सफेद रंग की एंबेसडर कार से श्रीनगर हवाई अड्डे के लिए रवाना हो गए।

मुश्किल से एक घंटे का समय लगा होगा, जब सफेद रंग का बीचक्राफ्ट किंग एयर 350 पुलवामा की एक छोटी सी हवाई पट्टी की काली सड़क पर उतरता है। उसका दरवाजा खुलकर सीढ़ियों का रूप ले लेता है और जोसफ अपने तीन अन्य जाँच अधिकारियों के साथ उससे नीचे उतरते हैं। "जय हिंद, सर," अर्धसैनिक बलों की विशिष्ट वरदी पहने एक लंबे-तगड़े और बलिष्ठ व्यक्ति ने एन.आई.ए. के अधिकारियों का अभिवादन किया। "जय हिंद, श्रीमान शिकारा!" क्लिंटन ने मजबूती के साथ उनसे हाथ मिलाया। राम शिकारा पुलवामा में तैनात सी.आर.पी.एफ. बटालियन के सहायक कमांडेंट थे, जो उस भीषण और कायराना हमले के बाद सबसे पहले मौके पर पहुँचे थे। शिकारा एन.आई.ए. की टीम को हवाई अड्डे से बाहर लेकर गए। क्लिंटन ने पूछा, "यह कब हुआ?" "4 घंटे हुए हैं, सर!" शिकारा ने हिचकिचाते हुए जवाब दिया। "क्या हुआ ऑफिसर, आप ठीक हैं?" क्लिंटन ने अपनी आँखों पर धूप का चश्मा लगाते हुए पूछा। शिकारा हिचकिचाए और वे सभी सेना के एक बख्तरबंद दंगा-विरोधी वाहन में हमलेवाले स्थान तक जाने के लिए रवाना हो गए।

आम लोगों के लिए यातायात बंद होने के चलते सुनसान पड़ी सड़क

पर उनकी गाड़ी तेजी से आगे बढ़ती जा रही थी और इस दौरान क्लिंटन के मस्तिष्क में सिर्फ कागज के उस छोटे से टुकड़े की तसवीर घूम रही थी। "हमने एक बड़ी गलती की थी," वे अपने आप में ही कुछ स्वीकार कर रहे थे और जल्द ही उनका वाहन सड़क के किनारे पर जाकर रुक गया। वहाँ का मंजर बेहद खौफनाक था। वहाँ पर चारों तरफ धुआँ-ही-धुआँ था, जली हुई धातु के काले टुकड़े फैले पड़े थे, लोगों ने उस क्षेत्र को चारों ओर से घेर रखा था और अर्धसैनिक बलों के जवान उस छोटे से ब्रह्मांड में शांति लाने का प्रयास कर रहे थे, जिसके अस्तित्व पर अभी हमला किया गया था।

जाँचकर्ता अपने वाहन से बाहर निकले। क्लिंटन ने धीरे से अपनी आँखों से धूप का चश्मा हटाया, विस्मय से उनका मुँह खुला-का-खुला रह गया था, उनकी आँखें दु:ख से भीग आई थीं और उनके पूरे शरीर में क्रोध का लावा उबालें मार रहा था। कुछ क्षणों के लिए उनकी स्थिति ऐसी थी कि जैसे दुनिया मौजूद ही नहीं है। "अरे नहीं!" उनके साथ मौजूद एक अन्य जाँच अधिकारी प्रवीन बिना किसी औपचारिकता की परवाह करते हुए बोला। ये नियमों, आभारों और औपचारिकताओं का समय नहीं था। उस जगह के कुछ सौ मीटर के दायरे में मौजूद प्रत्येक व्यक्ति या तो दम तोड़ चुका था या फिर वो अभी भी जटिल, लेकिन अत्यधिक तीव्र भावनाओं के भँवर में तैर रहा था।

क्लिंटन ने अपने कदम आगे बढ़ाए और जमीन के प्रत्येक गज और वहाँ मौजूद जले हुए हर टुकड़े की जाँच करनी शुरू कर दी। उन्होंने खुद को सांत्वना देने के लिए इससे भी बदतर स्मृति और शायद इससे भी अधिक बहे हुए रक्त के बारे में याद करने का प्रयास किया। उनके मस्तिष्क ने भी उन्हें इससे भयंकर मंजर को याद करने में कोई मदद नहीं की। क्लिंटल जोसफ ने आसपास के लोगों से पूछताछ करनी शुरू कर दी। जाँच करने के उनके तरीके में पूरे घटनाक्रम की कहानी के खाके को दोबारा तैयार करना, जो हताहतों की कड़ी-से-कड़ी से जुड़ता हो, शामिल था, जिसकी मदद से वे उस समय तक पहुँच जाते थे, जब वो घटना के समय मौके पर मौजूद था।

उन्होंने अपने आसपास के पूरे मंजर का बारीकी से मुआयना किया और उनके मस्तिष्क में जो कुछ हुआ, उसे बेहद सहजता से संभाला।

'आकाश पीला पड़ चुका था। सड़कों पर न के बराबर यातायात था। ये सड़कें सी.आर.पी.एफ. के उन जवानों का इंतजार कर रही थीं, जो भारी बर्फबारी के चलते सड़कें बंद होने की वजह से 4 फरवरी से जम्मू में फँसे हुए थे।'

"सर, काजीकुंड में 16 वाहन काफिले से अलग हुए थे। वो यहाँ से लगभग 90 मिनट की दूरी पर स्थित है। वहाँ से 16 और बख्तरबंद सी.आर.पी.एफ. के काफिले में शामिल हुए।" वहाँ मौजूद कर्मियों ने जोसफ को बताया।

क्लिंटन अपने मस्तिष्क में उस दिल दहलानेवाले खौफनाक मंजर की तसवीर को बनाने में व्यस्त थे और उस युवा की बात उनके मस्तिष्क में बैठती जा रही थी। ऐसा करना उनका पसंदीदा काम था—पहेली को पूरी तरह से सुलझाना और घटना की तह तक पहुँचना।

"मुमकिन है कि काफिला एक बेहद धीमी गति से आगे बढ़ रहा हो, जब एस्कॉर्ट वाहन आगे चलते हुए रास्ता साफ कर रहे हों तो ऐसा होना बिल्कुल सामान्य बात है। ठीक है, एस्कॉर्ट वाहन, वे अब कहाँ हैं?" क्लिंटन जोसफ एक सवाल पर आकर अटक गए।

"एस्कॉर्ट वाहन कहाँ थे? मैं उनमें मौजूद अधिकारियों के साथ बात करना चाहूँगा।" उन्होंने विस्फोट के स्थान को देखने के बाद भी अपनी आवाज में घृणा का लेशमात्र भी अंश न आने देते हुए शिकारा से कहा। क्लिंटन ने कुछ कदम आगे बढ़ाए और अपनी सिगरेट सुलगाई, लेकिन वे जैसे ही सिगरेट सुलगाने के लिए लाइटर की लौ को अपनी नाक के सामने लाए, इस बार उनके हाथों में कँपकँपाहट थी।

जोसफ अंदर-ही-अंदर बेहद उत्तेजित हो रहे थे, हालाँकि वे एक बेहद कठोर व्यक्ति थे, जिन्हें खून देखने की आदत थी, लेकिन इस बार वो खून-

खराबा नहीं था, जिसने उनकी आत्मा को झकझोर दिया था, बल्कि वहाँ पर जिस तरह की तबाही देखने को मिली थी और जवानों की मुँहजबानी वे जो सुन रहे थे, उसने उनकी आत्मा को भीतर तक हिलाकर रख दिया था। 'वे तैनाती के लिए वापस जा रहे थे। अपने घरों से आए थे। क्या उन्हें पता था कि ये धरती पर उनके अंतिम क्षण हैं? क्या यह अंतिम बार था, जब उन्होंने अपने प्रियजनों को देखा था?' वे मन-ही-मन अपने आप से ये सवाल पूछ रहे थे और हर बार जब भी वे ये सवाल अपने आप से पूछ रहे थे, ऐसा प्रतीत होता था कि वे खुद को किसी छिपे हुए दोष की सजा दे रहे हैं।

उन्होंने इसके बाद जो दृश्य देखा, उसे देखकर उन्हें शायद सबसे ज्यादा धक्का लगा। वहाँ पर किसी तेज रफ्तार वाहन की सीधी टक्कर का शिकार बनी बस खड़ी हुई थी। 'उन्होंने विस्फोटकों को एक एस.यू.वी. में भर दिया था। वो काफी तेज गति में आई, काफिले के बाकी के वाहनों को पीछे छोड़ा और आकर इस बस से टकरा गई।' उन्होंने सोचा। वहाँ पर वो बस खड़ी थी, जो बरसों से सी.आर.पी.एफ. की सेवा में लगी हुई थी। वो एक धातु के एक ऐसे टुकड़े में तब्दील हो चुकी थी और उसकी स्थिति इतनी जर्जर हो चुकी थी कि कोई भी व्यक्ति चाहकर भी उसकी वो गत नहीं बना सकता था। 'उस बस को एक चलते-फिरते ताबूत में बदल दिया गया था। आर.डी.एक्स.! कोई भी दूसरा विस्फोटक इतने बड़े वाहन की ऐसी गत नहीं बना सकता।'

क्लिंटन उस टक्करवाले स्थान पर पहुँचे। क्लिंटन ने अपने जीवन में इतनी दु:खद और बुरी घटना नहीं देखी थी और ऐसे में एक अधिकारी उनकी सहायता करने के लिए उनके पीछे चला। चारों तरफ खून-ही-खून फैला पड़ा था, मानव मस्तिष्क के अंश बिजली के खंबों तक पर चिपके पड़े थे और मानव मांस के अधजले टुकड़े सड़क पर इधर-उधर बिखरे पड़े थे। कुछ भी पहचान में आने के काबिल नहीं था। खून बिल्कुल ताजा था, जैसे इन हत्याओं को बस कुछ ही मिनट पहले अंजाम दिया गया हो। दोनों ही व्यक्तियों को जले हुए मानव मांस की गंध के साथ जली हुई धातु की गंध से खुद को बचाने के लिए अपनी नाक पर रुमाल ढकना पड़ा।

क्लिंटन की आँखें किसी चीज पर आकर टिक गईं। वो कपड़े के ऊपर बुना हुआ तिरंगे का एक छोटा सा टुकड़ा था और वो कपड़ा एक हाथ पर पहना हुआ था और वो हाथ शरीर से जुदा होकर अलग पड़ा हुआ था।

"सर, यही वो जगह है, जहाँ पर विस्फोट हुआ था।" सहायक अधिकारी ने उन्हें सूचना दी। "प्रयोगशाला को आर.डी.एक्स. के कुछ अंश मिले हैं।"

"फिदायीन को लेकर कोई सूचना ?" उन्होंने पूछा।

"एक एस.यू.वी. में दो आदमी थे। अभी हमें सिर्फ यही पता है।" उस युवा ने जवाब दिया।

क्लिंटन ने तेजी से अपना सिर हिलाया। वे तेजी से पीने के लिए पानी लेने को अपनी गाड़ी की तरफ मुड़े और बोले, "गृह मंत्रालय से संपर्क साधकर मेरी बात करवाओ।"

एक योद्धा की कहानी

आनंद विशेष रूप से दार्शनिक किस्म के व्यक्ति नहीं थे। न ही वे एक ऐसे व्यक्ति थे, जो पुस्तकों को पढ़ने के बहुत अधिक शौकीन रहे हों और उनकी आँखों पर चश्मा चढ़ गया हो। बावजूद इसके युद्ध और संग्रामों के इतिहास को जानने में उनकी रुचि थी। उन्होंने आजादी के बाद के हमारे हालिया इतिहास के कुछ सबसे प्रसिद्ध लोगों—एयर मार्शल अर्जन सिंह और फील्ड मार्शल मानेकशॉ—के बारे में भी थोड़ा-बहुत पढ़ा था। जनरल सुंदरजी को एक ऐसे महान् विद्वान् और रणनीतिकार के रूप में जाना जाता था, जिन्होंने एक पुस्तक लिखी थी, जिसमें बताया गया था कि अपने बलों को आगे करके और तैनात करके क्षेत्रीय प्रभुत्व बनाकर रखा जाए या फिर अपनी पारंपरिक शक्तियों के बल पर अपने पड़ोसी को कैसे डराकर रखना है।

आनंद का दैनिक जीवन उड़ान प्रशिक्षण और अन्य नियमित गतिविधियों में बेहद व्यस्त रहता था। छुट्टियाँ बेहद दुर्लभ होती थीं और जब भी वे कभी-कभार मिलनेवाली छुट्टियों की यात्रा पर जाते थे तो उनके खयाल एक

ऐसी लड़की की तलाश में बदल जाते थे, जिसके साथ वे अपने विचारों और भावनाओं को साझा कर सकें। वे जब वायुसेना से छुट्टियाँ बिताने के लिए चेन्नई स्थित अपने घर पहुँचते थे तो उनके माता-पिता बेहद चतुराई से कुछ रिश्तेवालों को उनसे मिलवाने के प्रयास करते। आनंद कुछ संभावित जीवनसंगिनियों के साथ कॉफी पर भी गए। इनमें से कोई भी मामला अंजाम तक नहीं पहुँचा, क्योंकि अधिकांश लड़कियाँ आई.टी. के क्षेत्र में काम करती थीं। आनंद ने बहुत से चिकित्सक युगलों और आई.ए.एस. जोड़ों के बारे में सोचा और फिर उनके मन में खयाल आया कि क्यों न अपने लिए भी एक ऐसा जीवनसाथी खोजा जाए, जो सशस्त्र बलों में ही हो, क्योंकि ऐसा होने का मतलब होगा कि दोनों की ही काम के प्रति प्रतिबद्धता बिल्कुल एक समान होगी और साथ ही उनका जीवनसाथी यह भी समझेगा कि भारतीय सशस्त्र बलों में होने का क्या मतलब होता है। प्रत्येक पेशे की एक निश्चित संस्कृति होती है—चाहे वो चिकित्सा का क्षेत्र हो या फिर विमानन का या सशस्त्र बलों का कोई और। आप उस संस्कृति को तभी समझ सकते हैं, जब आप खुद उसका हिस्सा हों।

सौभाग्य की बात यह रही कि जब आनंद वायुसेना के एक अधिकारी बने, तब आई.ए.एफ. ने भारतीय वायुसेना की विभिन्न शाखाओं में महिला अधिकारियों की नियुक्ति करनी शुरू कर दी थी, उनमें से कुछ तो हेलिकॉप्टर की पायलट भी बन चुकी थीं, हालाँकि उनमें से किसी को भी युद्ध की परिस्थितियों में उड़ान भरने की अनुमति नहीं थी। राह में आनंद की मुलाकात आई.ए.एफ. की कुछ महिला हेलिकॉप्टर पायलटों से भी हुई।

तंबरम में आई.ए.एफ. दिवस समारोह के दौरान उनकी बातचीत पहली बार हेलिकॉप्टर पायलट नंदिनी से हुई। पेय लेने के दौरान, दोनों पायलटों के बीच उड़ानों को लेकर विचारों का एक 'पेशेवर' आदान-प्रदान हुआ। उन्होंने एक-दूसरे के फोन नंबर लिये और आपस में संपर्क में रहने का वादा किया। उसने पहली बार में आनंद पर एक सकारात्मक छाप छोड़ी।

आनेवाले दिनों में ऑफिसर्स क्लब में हुई मुलाकातों में दोनों ने अपनी पारिवारिक और शैक्षणिक पृष्ठभूमि के बारे में बातचीत कर चीजों को आगे बढ़ाया। दोनों ही तमिल गानों और हॉलीवुड की फिल्मों के दीवाने थे। दोनों को यह बात महसूस हुई कि वे एक-दूसरे के साथ सहज महसूस करते थे।

आनंद इस पसोपेश में थे कि उन्हें कठिन विषयों पर शादी से पहले बातचीत करनी चाहिए या फिर उसके बाद, जैसे—मरना, दुश्मन के कब्जे में बंदी बन जाना, किसी दुर्घटना में स्थायी रूप से चोटिल हो जाना या फिर एक वायुसैनिक के जीवन की कुछ अनजानी बातें।

वे अगला कदम उठाने और शादी के बारे में बात करने के बारे में सोच ही रहे थे कि तभी मुंबई हमले की घटना घट गई। इसने उनके जीवन को पूरी तरह से बदलकर रख दिया, क्योंकि आतंकी घटनाओं ने उन दोनों को ही जीवन की अप्रत्याशितता और क्षणभंगुर प्रकृति के बारे में स्पष्ट कर दिया था।

आनंद सुखोई-30 एम.के.आई. के एक नए पायलट थे और उनकी तैनाती पंजाब में थी। 26 नवंबर, 2008 की शाम को जिस वक्त ये हमले शुरू हुए, वे उस समय ऑफिसर्स क्लब में पेय ले रहे थे। सभी पायलटों को 15 मिनट के नोटिस पर तैयार करने के आदेश दिए गए। इसके चलते, उन्होंने अपने अगले चार दिन कमोबेश फ्लाइट सूट में ही बिताए।

उन्होंने मुंबई के पूरे घटनाक्रम को टी.वी. पर देखा और उनके कुछ पायलट सहयोगी तो पूरी तरह से इस बात के लिए तैयार बैठे थे कि पाकिस्तान को बम से उड़ा देना चाहिए, लेकिन आनंद इतने परिपक्व थे कि वे अच्छे से यह बात समझते थे कि हमलों या फिर युद्ध के लिए आदेश और फैसले उनके वरिष्ठों और नागरिक प्राधिकरणों की तरफ से लिये जाने थे या फिर मिलने थे। यह उनके लिए बेहद राहत की बात थी कि भारत और पाकिस्तान के बीच एक पूर्ण युद्ध नहीं हुआ।

बाद में, जब भारत और पाकिस्तान के बीच मामला थोड़ा शांत हुआ

और आनंद को चेन्नई जाने का एक छोटा सा मौका मिला तो उसने नंदिनी के साथ एक कॉफी पर जाने की व्यवस्था की। आनंद ने कॉफी के दौरान गंभीर मुद्रा अपनाए रखी। दोनों कई महीनों के बाद एक-दूसरे से मिल रहे थे। दोनों को ही मुंबई हमलों के चलते पेशेवर क्षेत्र में कुछ बेहद तनावपूर्ण महीने बिताने पड़े थे। दोनों ही समय से काफी पहले समझदार हो चुके थे।

दोनों आपस में एक-दूसरे के साथियों की खैरियत के बारे में बात करने की औपचारिकता पूरी करने के बाद शांत हो गए। आनंद इस मुलाकात के दौरान शादी की बात करने की ठानकर आए थे। नंदिनी भी मन-ही-मन यह बात सोच रही थी कि आनंद आज शादी के बारे में बात करेंगे या नहीं?

"तो, अब आगे क्या?" आनंद ने बात शुरू की।

"क्या?" नंदिनी ने अपनी भवें उठाते हुए हैरानी भरी नजर से उनकी ओर देखा।

"मेरा मतलब है, हम अब से अगले तीन महीने, छह महीने, तीन साल बाद क्या करेंगे, समय तेजी से आगे बढ़ता है।"

"हम्म।"

"क्या आपने शादी के बारे में कुछ सोचा है?" आनंद ने तेजी से धड़कते हुए दिल के साथ पूछा।

वे चुप बैठी रहीं। आनंद मन-ही-मन बेहद डर रहे थे।

काफी देर की चुप्पी के बाद, जो आनंद को एक जीवन से भी अधिक लगी, वे बोलीं, "हाँ, मुझे लगता है कि यह शादी करने के लिए ठीक समय है।"

आनंद की खुशी का ठिकाना नहीं था, लेकिन...रुकिए...उन्होंने कहा कि 'शादी करने के लिए ठीक समय है,' और यह नहीं कहा कि 'हमारे लिए शादी का समय है।'

उनके इतना बोलते ही आनंद और अधिक पसोपेश में पड़ गए—क्या

नंदिनी के जीवन में कोई और है? क्या वे इस रिश्ते को यहीं खत्म कर देंगी? ओह तेरी··· आनंद बेहोश होने को थे, क्योंकि वे बमुश्किल ही साँस ले पा रहे थे, उन्हें ऐसा लग रहा था, जैसे किसी ने उनकी छाती पर बड़ा भारी बोझ रख दिया हो।

अपने मन में चल रहे सवाल को पूछने के लिए मन-ही-मन कई वैकल्पिक तरीकों को तराशने के बाद आनंद ने आखिरकार पूछा, "क्या आपने किसी को पसंद कर रखा है?"

वे बेहद मंद-मंद मुसकराईं।

इंतजार के ये क्षण आनंद की जान ले रहे थे।

एक बार को नंदिनी के मन में खयाल आया कि वो बोल दें, 'अरे बेवकूफ! मैं 'हम दोनों' की शादी की बात कर रही हूँ।'

लेकिन उन्होंने उल्टा सवाल दाग दिया, "आपका क्या विचार है?"

आनंद ने पहले तो सोचा कि वे यह पूछें, 'क्या हम शादी के बंधन में बँध सकते हैं,' या 'हम दोनों शादी कर लेते हैं,' या 'मैं तुमसे शादी करने को तैयार हूँ,' लेकिन उन्होंने यह पूछा, "हमारे बारे में आपका क्या विचार है?"

वे थोड़ा और मुसकराईं और अपने चेहरे पर आई लटों को हलके से झटककर किनारे किया।

आनंद यह समझ ही नहीं पा रहे थे कि उनके इस इशारे का मतलब क्या है? वे पसोपेश में थे कि उनका आत्मविश्वास बढ़ेगा या और डूब जाएगा?

"आप बताइए?"

"हम शादी कर सकते हैं, अगर आप राजी हों तो कल ही।" आनंद ने एकदम से बोल दिया।

वे बहुत जोर से हँस पड़ीं।

आनंद चिंतित तो थे, लेकिन उन्हें इस बात की भी शांति थी कि

आखिरकार उन्होंने अपने मन की बात बोल ही दी, अब कोई-न-कोई फैसला तो होगा ही, फिर चाहे वो सकारात्मक हो या नकारात्मक।

"अब?" आनंद ने थोड़ा रुककर पूछा।

उन्होंने एक क्षण के लिए विचार किया कि कैसे जवाब दिया जाए और बोलीं, "हाँ, हम दोनों को शादी के बंधन में बँध जाना चाहिए।"

उन्होंने ये शब्द बोलते हुए खुद की उत्तेजना को भी काबू में रखने की पूरी कोशिश की, क्योंकि उनकी खुद की साँसें बेहद तेज हो रही थीं और वे इस बात को आनंद से छिपाना चाहती थीं।

वो ऐसा क्षण था, जैसे किसी ने इन दोनों के दिलों से कोई भारी बोझ हटा दिया हो और दोनों अब खुलकर साँस ले सकते हों। दोनों चुप रहे और अपने-अपने दिलों की धड़कनों को वापस सामान्य हो जाने दिया।

शादी की तारीख तय हो गई और भारत-पाकिस्तान के मोर्चे पर ऐसा कुछ भी नहीं घटित हुआ, जो उनकी योजनाओं पर पानी फेरता, अगर कुछ हुआ था, तो हडसन का चमत्कार उनकी शादी से एक महीने पहले ही हो चुका था, अगर आप उन चीजों में विश्वास करते थे तो यह एक अच्छा शगुन था। उन्होंने फोन पर इस बारे में चर्चा की और कैप्टन सली सल्लनबर्गर के साहस की प्रशंसा की। वे दोनों पहले ही एक व्यावसायिक पायलट और वायुसेना के एक पेशेवर पायलट के कॅरियर और जीवन को लेकर चर्चा कर चुके थे। वे दोनों सशस्त्र बलों में होने की अपनी पसंद को लेकर बिल्कुल एक राय थे।

पॉल कलानि का संस्मरण 'वेन ब्रेथ बिकम्स एयर' बाजार में आया ही था और आनंद ने उस पुस्तक के बारे में सुना था। उनके पास अन्य पुस्तकों के साथ वो पुस्तक भी थी और उन्होंने समय निकालकर उस पतली सी पुस्तक को पढ़ा और कलानिथि के जीवन की कहानी से बेहद प्रभावित हुए। आप अपने कॅरियर के शिखर पर कैसे पहुँच सकते हैं, चाहे आप उम्र के तीसवें दशक के मध्य में हों या अंत में और फिर आपसे कहा जाए कि अब

सबको, जिनमें आपकी पत्नी, आपका व्यवसाय, आपका जीवन तक शामिल है, को अलविदा कहने का समय आ गया है? वे दोनों करीब-करीब एक ही उम्र के थे—कलानिथि और आनंद।

लेकिन डॉ. कलानिथि के साथ बिल्कुल ऐसा ही हुआ। आनंद ने सोचा कि अगर सबसे बुरा भी होना होगा तो कम-से-कम पायलटों के साथ ऐसा होगा कि वे एक क्षण में ही या फिर बहुत जल्दी दम तोड़ देंगे। सालों तक प्रताड़ित करनेवाला कैंसर से मरने का बेहद क्रूर तरीका है। वे सोचने लगे कि अगर ऐसा कुछ होता है तो वे कैसी प्रतिक्रिया देंगे?

उन्होंने इस बारे में बात की, आनंद और नंदिनी ने जीवन, मृत्यु तथा और भी बहुत से विषयों पर बातें कीं¨।

□

4

आजादी बिना मोल के नहीं मिलती

बदबूदार हवा से भरा हुआ एक बिना खिड़कीवाला कमरा, उस कमरे के बीचोबीच पड़ी हुई एक कुरसी, कोने में मद्धम रोशनी देकर अपनी मौजूदगी का अहसास करवाता हुआ एक बल्ब और कुरसी पर बैठा हुआ एक व्यक्ति। उसके हाथ कुरसी से बड़े ध्यान से बाँधे गए थे; और उसकी आँखों पर भी पट्टी बँधी हुई थी। उस व्यक्ति का भारी सिर उसके दाहिने कंधे पर बिल्कुल बेजान-सा पड़ा है और ऐसा प्रतीत होता है कि वो साँस भी बड़ी मुश्किल से ले पा रहा है। आनंद दुश्मन के कब्जे में था और उसकी जान को बेहद खतरा था। निश्चित रूप से उसे इस बात की जरा भी जानकारी नहीं थी कि भारत में क्या कुछ हो रहा है, हालाँकि आनंद ने भारतीय सरकार के क्रियाकलापों की परवाह की, लेकिन उन्होंने ऐसा बचाव को अपनी सर्वोच्च प्राथमिकता बनाने के लिए नहीं किया, बल्कि इसलिए किया, क्योंकि उनके पास मौजूद 'संवेदनशील जानकारी' दोनों देशों के संबंधों के बीच एक 'अस्थिरता' पैदा कर सकती थी।

युद्ध को लेकर आनंद के अपने विचार और राय थी। जब वे घायल अवस्था में थे तो वे विचार एक बार फिर उनके मस्तिष्क में उमड़ने लगे। उनका ऐसा मानना था कि युद्ध की स्थिति में दोनों ही पक्षों के सैन्य सदस्य मारे जाएँगे, जो परिवारवाले पेशेवर सैनिक हैं। युद्ध के परिणामस्वरूप हजारों

लोग मौत के मुँह में समा सकते हैं, जिसका मतलब होगा हजारों परिवार मातम मना रहे होंगे। जीवन के इतने नुकसान के साथ युद्ध का क्या परिणाम होगा? शायद कुछ भी नहीं।

एक बात को लेकर आनंद हमेशा ही जिज्ञासु रहे, यह जानने को लेकर कि सदियों के दौरान युद्ध या लड़ाई करने के तरीके में क्या बदलाव आए हैं, कई हजार सालों तक युद्ध का मतलब होता था आमने-सामने की शारीरिक लड़ाई; आपको अपने हाथों से अपने दुश्मन की जान लेनी होती थी, वो भी अधिकांशत: या तो तलवार से या फिर भाले के वार से। घुड़सवार सेना को हम कहते तो हैं कि उस दौर की 'सर्वश्रेष्ठ' होती थी, आनंद ने अपने दर्द को सँभालते हुए हलकी सी मुसकान के साथ याद किया। इसके बाद बारूद और डायनामाइट का आविष्कार हुआ और उसका उपयोग किया जाने लगा। आखिरकार विमान का आविष्कार हुआ और बहुत ही जल्द उसका उपयोग युद्ध क्षेत्र में होने लगा। आप कई किलोमीटर दूर से ही सैनिकों और नागरिकों पर बम गिरा सकते हैं। आप हवा में कई किलोमीटर ऊपर उड़ते हुए अंधाधुंध तरीके से असंख्य नागरिकों को अपंग बना सकते हैं या फिर उनकी जान ले सकते हैं, शायद इसी वजह के चलते द्वितीय विश्वयुद्ध के दौरान बमवर्षक विमानों की कमान सँभालनेवालों को कम सदमे से गुजरना पड़ा, क्योंकि उन्हें तमाम महिलाओं और बच्चों को अपने हाथों में हथियार लेकर उनकी जान नहीं लेनी पड़ी, हालाँकि उसके प्रभाव और परिणाम समान ही थे और इस पूरी कवायद का अंतिम परिणाम क्या निकला? जो देश पहले से अस्तित्व में थे, वो देश अभी भी मौजूद थे, सिर्फ एक बदलाव हुआ और वह यह था कि विजेताओं को परमाणु हथियारों को बनाने और उन्हें रखने का अधिकार मिल गया, जबकि पराजित होनेवालों को परमाणु हथियारों से वंचित रखा गया। हवा से गिराए गए पारंपरिक बमों के जरिए जर्मनी और जापान के शहरों को सरसरी तौर पर तबाह कर दिया गया और बड़े पैमाने पर सामान्य नागरिक हताहत हुए। इस बात का कोई लेखा-जोखा मौजूद नहीं है कि उस बमबारी में कितने मासूम बच्चों

को अपनी जान से हाथ धोना पड़ा, हालाँकि माना यह जाता है कि द्वितीय विश्वयुद्ध के दौरान करीब 50 मिलियन से लेकर 100 मिलियन के बीच लोगों को अपनी जान से हाथ धोना पड़ा।

एक मौत त्रासदी है; जबकि लाखों मौतें एक आँकड़ा है।

आनंद अपने मन और शरीर को उसके लिए समझाने की कोशिश कर रहे थे, जो उन्हें अपने साथ होने की उम्मीद थी। वे जिस कुरसी पर बँधे हुए थे, वो उनके लिए मौत की कुरसी से कम नहीं थी। उन्हें उस खतरे का बहुत अच्छे से अंदाजा था, जिसमें वे फँसे हुए थे। पाकिस्तानी जेलों में बंद युद्धबंदियों की तमाम कहानियाँ किसी को भी पाकिस्तानी सेना की कैद में आने और अपने साथ होनेवाली क्रूरता से बचाने के लिए एक आसान मौत को चुनने के लिए मजबूर कर सकती थीं। ऐसे में, आनंद ने कुछ वर्ष पूर्व के अपने 'यातना' प्रशिक्षण को याद किया, जो उन्होंने एक अंतरराष्ट्रीय संयुक्त सैन्य अभ्यास के दौरान पाया था।

"यह बिल्कुल नर्क के जैसा होनेवाला है, लेकिन वास्तविक, बिल्कुल सच।" अमेरिकी मरीन के कर्नल ब्रूक ने भारतीय और अमरीकी दिग्गज पायलटों के एक समूह को समझाया। "नरम देश जिनेवा समझौते का पालन करते हैं। कट्टरपंथी और चरमपंथी देश नहीं करते," उन्होंने अपनी बात जारी रखी। "अगर कोई चरमपंथी देश आपको जिंदा पकड़ लेता है और बचाव की कोई उम्मीद न हो तो आपके सामने सिर्फ दो ही रास्ते होते हैं। पहला, बचाव का एक रास्ता तलाशें। आपको बिना एक भी क्षण गँवाए ऐसा करना चाहिए। सोचने में तेज और कारवाई करने में उससे भी तेज। दूसरा, अपनी जान ले लो। कोई भी आपको आत्महत्या कर लेने का दोषी नहीं ठहराएगा। ऐसा करना उस जानलेवा दर्द को झेलने और दुश्मन के बेरहम कब्जे में मरने से कहीं बेहतर रहेगा।" कर्नल ब्रूक्स की आँखें गुस्से से चमक उठीं।

"मैंने दुश्मन को कैदियों के साथ बिना किसी हिचकिचाहट के अमानवीय

और बेहद क्रूर व्यवहार करते हुए देखा है। गरम चिमटों से त्वचा को जलाना, जाँघों की भीतरी खाल को खुरदरे ब्लेड से खुरचकर उतारना, बागवानी में काम आनेवाले औजारों से जीभ को काटना, व्यक्ति के जीवित होते हुए भी उसकी आँखें निकाल लेना, बिजली के झटके देना, नाखूनों को उखाड़ देना, घुटनों की कटोरियों को हथौड़ी से चकनाचूर करना, बलात्कार, पानी में डुबो देना या फिर भूखे कुत्तों के सामने छोड़ देना।" ब्रूक्स द्वारा वास्तव में दी जानेवाली यातनाओं के बारे में सुनकर वहाँ मौजूद प्रत्येक व्यक्ति भीतर तक सिहर उठा।

"बहरहाल, यह सब दूर हो जाता है। दर्द, डर और दुश्मन की पकड़ में आने की चिंता। एक बार आप इस बात को स्वीकार कर लेते हैं तो आप दुश्मन के दुःखद पक्ष से आसानी से निबटने में सक्षम हो जाते हैं। आपके अस्तित्व को बनाए और बचाए रखने में आपका मस्तिष्क ही सबसे महत्त्वपूर्ण कारक होता है, यहाँ तक कि सबसे बुरी स्थितियों में भी, भगवान् न करे कि दुश्मन आपको पकड़ ले तो भी मैं आपको अपनी जान न लेने की ही सलाह दूँगा। मैं आपसे सिर्फ एक तरफदारी चाहता हूँ। आप अपने आप को, खुद को पहचानें, अपनी कुछ कर दिखाने की प्रवृत्ति को। आपका मस्तिष्क एक बार उस माहौल में बस जाता है तो आप मेरा भरोसा कीजिए, आप हजारों दुश्मनों के बीच भी वापसी का अपना रास्ता खोज सकते हैं।"

वे शब्द, वो प्रशिक्षण, कर्नल ब्रूक्स का चेहरा, सभी आनंद के मन-मस्तिष्क में घुमड़ रहे थे। उन्होंने खुद को सबसे बुरे के लिए मानसिक तौर पर तैयार कर लिया, हालाँकि डर ने उन्हें पंगु नहीं बनाया और उनके मस्तिष्क ने वहाँ से बच निकलने के रास्तों को तलाशना प्रारंभ कर दिया।

लोहे के उस भारी दरवाजे में हलचल हुई, धातु के टुकड़े अलग हुए और चरमराहट की आवाजें आईं। आनंद की सेल के बाहर तैनात दो सुरक्षाकर्मी किसी को रास्ता दिखाते हुए भीतर ला रहे थे। आनंद को पता था कि अब समय आ गया है। वो समय जब दुश्मन उनसे सवाल पूछेगा और उन्हें उनका जवाब देना ही होगा।

वो आदमी एक पहाड़ की तरह आनंद के सामने खड़ा हो गया, एक सिगार सुलगाया और चमकता हुआ धातु का लाइटर अपनी जेब में डाल लिया। "क्या आप सिगार लेना पसंद करेंगे?" उस व्यक्ति ने उनसे पूछा। आनंद ने अपनी आँखों पर बँधी पट्टी के जरिए उस आवाज की दिशा में 'देखा'। उसकी नाक उस व्यक्ति द्वारा छोड़े गए सिगार के धुएँ को महसूस कर सकती थी। आनंद ने उस व्यक्ति की पेशकश को कोई तवज्जो न देने का फैसला किया। "शायद एक कप कॉफी?" उस व्यक्ति ने एक बार फिर पेशकश की। "नहीं, मैं ठीक हूँ।" आनंद ने दूसरी तरफ देखते हुए कहा। उनकी आवाज में उनकी आंतरिक शक्ति का एक अजीब सा प्रतिबिंब झलक रहा था, जो हाथ में सिगार लिये खड़े उस व्यक्ति के लिए अजीब था। "मैं फिरोज याहिया हूँ, पाकिस्तानी वायुसेना का कमांडर।" उस व्यक्ति ने अपना परिचय दिया। "क्या आपको मालूम है कि आप पाकिस्तान में हैं?" उसने पूछा। आनंद ने ऐसा अभिनय किया, जैसे उसे कोई फर्क नहीं पड़ता। उन्होंने उसकी किसी बात का कोई जवाब नहीं दिया।

याहिया ने अपने काले क्यूबन सिगार का एक बड़ा सा कश खींचा, "तुम कुछ बोलते क्यों नहीं हो?" इस सवाल के बाद भी वहाँ पर चुप्पी ही छाई रही। "हा हा! आप अच्छे हैं, ऑफिसर। आप अच्छे हैं। मैं शर्त लगाकर कह सकता हूँ कि आपके देश ने आपको 'अजनबियों' से बात न करना सिखाया है! अच्छा है। मैं इसकी सराहना करता हूँ।" उसने बेहद मजाकिया लहजे में कहा। आनंद उस दबे हुए जबरदस्त गुस्से को महसूस कर सकते थे, जो फिरोज याहिया के मन में दबा हुआ था। उसका शब्दों का चयन, समझाने–बुझाने की शैली और उन तक सीधे पहुँच बनाना उन्हें उस व्यक्ति के बारे में काफी कुछ समझा रहा था। उन्हें इस बात का जरा भी अंदाजा नहीं था कि अगर वे कुछ नहीं बोलते हैं तो याहिया उनके साथ क्या करने जा रहा है और उन्हें बहुत ही जल्द उसका जवाब भी मिल गया। "शायद तुम्हें पता नहीं है कि हमारे पास ऐसे 'विशेषज्ञ' मौजूद हैं, जो लोगों को कुछ भी बोलने, कुछ भी करने और कुछ भी स्वीकार करने को मजबूर कर सकते हैं।" याहिया ने

के बारे में बताते हुए कहा। "अगर आप खुद को दुश्मन के क्षेत्र में फँसा हुआ पाते हैं तो बच निकलने का प्रयास करने से पहले अपने मिशन से जुड़े हुए दस्तावेजों, सुरागों और अपने पास मौजूद उपकरणों को नष्ट कर दें।" उन्होंने बताया। ऐसी स्थिति में यह बेहतर है कि आप पकड़े जाएँ और दुश्मन सरकार को आपके पास कुछ भी न मिले, बनिस्बत इसके कि आपको घुसपैठ और आक्रमण का दोषी करार देकर सजा दी जाए।

"मैं इस पूरे खेल को आपके लिए और भी अधिक आसान बना देता हूँ, ऑफिसर! मैं एक सवाल सिर्फ एक ही बार पूछूँगा, अगर आप उसका जवाब नहीं देते हैं तो उसके नतीजे भी आप खुद ही भुगतेंगे···समझे?"

"मेरा विमान दुर्घटनाग्रस्त हो गया···" आखिरकार आनंद ने जवाब दिया।

"कैसे? आपका विमान दुर्घटनाग्रस्त कैसे हुआ?" याहिया ने एक और सिगार सुलगाया।

"मुझे नहीं मालूम, शायद एक चिड़िया से टकराकर!"

"हम्म···एक चिड़िया से टकराकर! अच्छा···आप कौन-से विमान उड़ाते हैं, ऑफिसर?" फिरोज याहिया ने अपना चेहरा आनंद के चेहरे के पास ले जाते हुए उसकी आँखों में आँख डालकर पूछा। याहिया की आँखें गुस्से से सुलग रही थीं, आनंद यह अच्छे से देख सकते थे।

"मुझे याद नहीं!" आनंद को इससे अच्छा बहाना नहीं सूझा।

"हा हा! बहुत अच्छे," याहिया ने दो बार तेज ताली बजाते हुए कहा। सुरक्षाकर्मी उनके लिए स्टील का एक बक्सा और उसमें रखने के लिए एक छोटा सा लकड़ी का उपकरण लेकर आया।

आनंद को पता था कि वो क्या है। उन्होंने खुद को बंधनमुक्त करने के लिए अपने दाँतों और हाथों को कसकर पकड़ लिया, लेकिन रस्सी बहुत अच्छे से बाँधी गई थी।

"आप बमों और मिसाइलों से लैस जेट विमान नहीं उड़ाते हैं, ऑफिसर?"

"…मुझे याद नहीं।" आनंद अपनी बात पर अड़े रहे।

"अगर आप अपने दुश्मन के किसी काम के नहीं हैं तो वो तड़पा-तड़पाकर आपको मौत के घाट उतार देगा, अगर आप उसके जरा भी काम के हैं तो वो तब तक आपको तड़पाता रहेगा, जब तक कि आप अपनी जुबान नहीं खोल देते।" ब्रूक्स ने पायलटों से कहा। "एक बंधक के तौर पर पूछताछ के दौरान आपका सारा ध्यान इस बात पर टिका होना चाहिए कि आप उन्हें यह यकीन दिलवाएँ कि आप अमूल्य हैं। कुछ ऐसा, जिसका वे फायदा उठा सकते हैं और मोलभाव कर सकते हैं!" "क्या ऐसा करना हमें बचा लेगा, सर?" एक युवा पायलट ने पूछा, "नहीं, ऐसा करने से आपको सिर्फ कुछ और समय मिल जाएगा, बस।"

आनंद ने याद किया कि उन्होंने मिशन से जुड़े नक्शों और दस्तावेजों को निगल लिया था। बाकी के शायद विमान के दुर्घटनाग्रस्त होने के दौरान नष्ट हो गए थे।

"ठीक है। मुझे आप पर भरोसा है। दुर्घटना से आपके मस्तिष्क पर असर पड़ा है। आपको चीजें याद नहीं हैं, बिल्कुल ठीक है, अब आप देखिए। यह एक विशेष 'टूलबॉक्स' है। यह लोगों को 'याद करवाने' में मदद करता है।" याहिया ने अपनी आवाज में गंभीरता लाते हुए कहा।

फिरोज याहिया ने धातु का बना बक्सा खोला। उसमें कई प्रकार के सर्जिकल उपकरण, नल ठीक करने के उपकरण और यहाँ तक कि कसाई के काम में आनेवाले औजार भी रखे थे। याहिया ने उसमें से एक छोटा सा, लेकिन तेज धारवाला घातक-सा दिखनेवाला सर्जिकल चाकू निकाला। चाकू का स्टील उसके हाथ में चमचमा रहा था और याहिया बोला, "आपको मालूम है, हम इसे क्या बोलते हैं? हम इसे इनायत बोलते हैं। इसका मतलब

है आशीर्वाद। उनके लिए जो हमारा खून बहाते हैं और सच्चाई के रास्ते पर नहीं चलते हैं।"

"आप मेरी जान सिर्फ इसलिए लेने जा रहे हैं कि मेरा विमान एक चिड़िया की वजह से दुर्घटनाग्रस्त हो गया?" आनंद ने उसे बातों में उलझाने का प्रयास करनेवाले लहजे में पूछा। उस बेरहम 'यातना' से बचने का एकमात्र तरीका दही की तरह 'ठंडे' बने रहना ही था। "क्या आपका देश गलती से आ गए मेहमानों के साथ ऐसा ही सलूक करता है?" आनंद सिर्फ मौखिक तौर पर स्थिति पर थोड़ा बहुत नियंत्रण पाने की कोशिश कर रहे थे। उन्हें पता था कि फिरोज याहिया पाकिस्तानी एल.ओ.सी. के भीतर कुछ घंटों पहले हुई हवाई लड़ाई के बारे में सबकुछ जानते हैं।

"मुझे पता है कि आप एक शातिर व्यक्ति हैं। मजाकिया होना तनाव को दूर करने का एक अच्छा तरीका है। मेरी पत्नी जब कोई गड़बड़ करती है तो बिल्कुल ऐसा ही करती है। अच्छी बात यह है कि मुझे उसपर इनमें से किसी औजार का इस्तेमाल करने की जरूरत नहीं पड़ती।" और याहिया ने ब्लेड से आनंद की दाहिनी पिंडली पर एक छोटा सा चीरा लगा दिया। वो दर्द से कराह उठा और अपनी पूरी ताकत लगाकर अपनी मुट्ठियाँ भींच लीं।

फिरोज याहिया ने यह दिखा दिया कि वो उस कमरे का 'मालिक' है और विंग कमांडर आनंद उसके रहमो-करम पर है।

एक पल के लिए तो आनंद की साँस रुक-सी गई। याहिया ने तुरंत प्राथमिक उपचार के साथ एक सुरक्षाकर्मी को बुलवाया। "ऐसा लगता है कि आप दर्द झेलने के लिए नहीं बने हो, बंधु! आइए, सबसे पहले हम आपके मिशन के विस्तार के साथ शुरू करते हैं।" याहिया ने कपड़े के एक छोटे से टुकड़े से चाकू पर लगा खून साफ करते हुए कहा और आगे बोले, "मेरे पास इससे भी बेहतर और बड़े 'औजार' हैं, यह बात ध्यान रखना…"

आनंद को अब इस बात का पूरा भरोसा हो गया था कि पाकिस्तानी सरकार किसी अंतरराष्ट्रीय दबाव में काम नहीं कर रही थी।

"यह एक नियमित गश्त थी। मेरा विमान चिड़िया से टकराकर दुर्घटनाग्रस्त हो गया। मैं आपको पहले भी बता चुका हूँ।" आनंद बोले।

"आपने ए.एफ.-16 नामक हमारे विमान का पीछा क्यों किया और उसे मार गिराया?" याहिया ने आनंद के चेहरे को घूरते हुए पूछा।

"उसने उड़ान प्रतिबंधित क्षेत्र में घुसपैठ की थी। उसने मुझे ललकारा मैंने भी बदले में उसको ललकारा। इसमें कुछ भी व्यक्तिगत नहीं है।" आनंद बोले।

"हम्म, तब तो आप एक अच्छे पायलट हैं। इसका मतलब हुआ कि आप किसी भी प्रकार के टोही मिशन में शामिल नहीं थे?" फिरोज याहिया के शब्दों में बढ़ता हुआ गुस्सा आसानी से महसूस किया जा सकता था।

"नहीं। मैं अंतरराष्ट्रीय नियमों और कानूनों का पालन करता हूँ।" आनंद बोले।

याहिया ने अब धातु के उस बक्से से एक बड़ा सा तार काटनेवाला कटर निकाला। उसने आनंद के कंधे के पीछे, दरवाजे की ओर देखा। आनंद ने सिर्फ अपने पीछे उस भारी से दरवाजे को बंद होने की आवाज सुनी।

"अंतरराष्ट्रीय कानून! मुझे यह शब्द बहुत अच्छा लगता है। आप जब से यहाँ आए हैं, तब से आप काफी शातिराना व्यवहार कर रहे हैं। मैं इतना तो यकीन से कह सकता हूँ कि आप बहादुर हैं, लेकिन अकसर, बहादुर ऐसे मूर्ख होते हैं, जो अपनी जान देने को तैयार रहते हैं।" वो बोलता रहा और आनंद उसकी आँखों में एकटक देखते रहे।

"क्या आप यह कहना चाहते हैं कि कोई बहादुर नहीं है, सभी मूर्ख या फिर कायर हैं?" आनंद ने उस व्यक्ति की सोच का मजाक उड़ाने के लहजे में कहा।

याहिया धीरे से मुसकराया और अपने दाहिने गाल और उसमें गड्ढेवाली जगह पर हाथ फिराते हुए शातिर मुसकराहट के साथ बोला, "मेरे दोस्त, आप

क्षण भर में ही एक कायर और मूर्ख होने के बारे में बहुत कुछ सीखनेवाले हो। अब मुझे यह बताओ कि पाकिस्तानी जेट को मार गिराने का आदेश तुम्हें किसने दिया? ध्यान रहे, एक गलत जवाब और तुम्हें उसकी कीमत अपनी तर्जनी उँगली से देनी होगी!"

"आप मेरे विमान के मलबे की जाँच क्यों नहीं करते?" आनंद ने उस व्यक्ति के सनकी व्यवहार को चकमा देने का प्रयास किया।

"गलत जवाब। बेटे, अब तुम अपनी एक उँगली से हाथ धोने जा रहे हो।" उस व्यक्ति ने आनंद की तर्जनी उँगली को काटने के लिए आनंद के सीधे हाथ को ऊपर उठाया। आनंद अपनी आँख बंद करने के अलावा और कुछ नहीं कर सकते थे और वे बेहद ईमानदारी से भगवान् से दर्दरहित मौत की प्रार्थना कर रहे थे।

इससे पहले कि उस ठंडे स्टील के ब्लेड पर रखी हुई आनंद की उँगली उसके हाथ से अलग होती, इससे पहले ही अचानक कमरे का दरवाजा खुला।

"सर, रक्षामंत्री का फोन आया है। भारतीय राजदूत लाइन पर हैं।" कैप्टन वसीम ने फिरोज को बताया।

फिरोज याहिया का वो भयावह कृत्य वहीं पर रुक गया, जैसे सर्वशक्तिमान ईश्वर का आशीर्वाद हो। आनंद के पास अब जीवित रहने और सोचने के लिए एक और दिन था।

□

5

जीत को तय करो

"एक अच्छा शिकारी वो होता है, जो एक बड़े जानवर को मार सकता है। एक बेहतर शिकारी वो होता है, जो अपने वहशीपन पर काबू पाना जानता है।"

"यह एक बहुत बड़ी बात है, जोसफ! हमें इस कारनामे को अंजाम देनेवाले लोगों को गिरफ्तार करने के लिए आपकी सहायता चाहिए होगी।" गृहमंत्री ने फोन पर कहा।

"मुझे भी पूरे सहयोग की अपेक्षा रहेगी और कोई नौकरशाही नहीं, कोई सवाल-जवाब और खुफिया संसाधन नहीं।" क्लिंटन जोसफ ने खुलकर स्पष्ट रूप से अपनी बात कही।

"जैसा आप चाहें वैसा ही होगा। आपको जब उचित लगे, आप आगे बढ़ें। जो भी आवश्यक होगा, वो मैं अपनी तरफ से करूँगा, लेकिन मुझे नतीजे जितनी जल्दी हो सके, उतनी जल्दी चाहिए।" गृहमंत्री की बातों से ऐसा लगा, जैसे वे बेहद दबाव में हैं।

"बिल्कुल, सर!" क्लिंटन के इतना बोलते ही वो छोटा सा संवाद समाप्त हो गया।

उन्होंने अपने मोबाइल फोन के कीपैड को अनलॉक किया और एक नंबर मिलाया, "अरे, लीना! अपनी साइबर टीम को इकट्ठा करो। मुझे पिछले तीन महीने के दौरान पाकिस्तान और कश्मीर के बीच की हर संदिग्ध बातचीत की पूरी जानकारी चाहिए। रिकॉर्ड्स को सुरक्षित रखें, इस काम के पूरा हो जाने के बाद मैं आपसे मिलता हूँ।"

"समझ गई, सर!" आई.आई.टी. दिल्ली की एक युवा साइबर विशेषज्ञ ने क्लिंटन से कहा। उनके साथ अतीत में राष्ट्रीय हितों से जुड़े मसलों पर काम करने के चलते वे इस बात से अच्छे से वाकिफ थीं कि क्लिंटन जोसफ क्या कर सकने के काबिल थे। वे यह बात अच्छे से जानती थीं कि वे एक ऐसे व्यक्ति हैं, जो कभी भी किसी चीज के लिए नहीं बोलेंगे, लेकिन अगर उन्होंने बोल दिया तो फिर वे जवाब के रूप में कभी भी 'न' नहीं सुनेंगे।

"योजना में बदलाव हो गया है लीना, मैं मुंबई नहीं आ पाऊँगा, जैसे ही रिकॉर्ड्स आपको मिल जाएँ, आप उन्हें एनक्रिप्ट करके कश्मीर की उड़ान पकड़ लें। हम उन्हें आपसे वहाँ पर ले लेंगे।" क्लिंटन बोले।

"मैं ऐसा ही करूँगी, सर!" लीना ने पुष्टि की।

जोसफ अगले कुछ घंटों के भीतर जम्मू के निकट कहीं स्थित एक ऐसे गोपनीय बंदीगृह में पहुँच गए, जहाँ 'बेहद खतरनाक' कैदियों को रखा जाता था।

जोसफ उस परिसर में ऐसे चले जा रहे थे, जैसे वो उनका अपना हो और वे उसके चप्पे-चप्पे से वाकिफ हों। चार एकड़ में फैले हुए उस परिसर के चारों तरफ घना जंगल था, जिसके चलते साधारण उपग्रहों के लिए उसका पता लगा पाना असंभव था। कैंपस के चारों ओर आठ फीट ऊँची दीवार बनी हुई थी, जिसपर काँटेदार तार लगे हुए थे। बाहर से देखने पर वो इमारत बेहद छोटी और पुरानी दिखाई देती थी, जो अधिक ध्यान देने योग्य नहीं प्रतीत होती थी। स्थानीय लोगों की नजरों में वो स्थान एक 'भूली हुई' सरकारी परियोजना थी। जोसफ के अंदर पहुँचने के बाद, उन्हें मुख्य इमारत तक ले जाया गया, ताकि

वे उस स्थान के कमांडर-इन-चार्ज से मिल सकें। अंदर से तो वो जगह इतनी मजबूती से बनाई गई थी कि वो परमाणु हमले का सामना भी कर सकती थी।

"हाय, कमांडर दत्ता!" जोसफ के चेहरे पर वो मुसकान थी, जिसे उन्होंने सिर्फ पुराने मित्रों और साथियों के लिए बचाकर रखा हुआ था।

"आप जरा भी नहीं बदले हैं, क्लिंटन!" बी.एस.एफ. बटालियन के प्रभारी कमांडर मेजर अनिल दत्ता ने पूरे सम्मान के साथ उनका अभिवादन किया। "डॉली-3 ने काफी समय से अपने पुराने दोस्त को नहीं देखा है। मुझे आपके यहाँ आने के मकसद का पता है, आइए, मेरे दफ्तर में चलते हैं।"

दत्ता ने उन्हें दो विशेष सुरक्षाकर्मियों के साथ अपने कार्यालय तक पहुँचवाया। कुछ बेहतर कारणों के चलते इस गोपनीय बंदीगृह का नाम 'डॉली-3' रखा गया था, जहाँ पर सबसे खूँखार, घातक, आक्रामक और राष्ट्रीय सुरक्षा के लिए सबसे खतरनाक माने जानेवाले अपराधियों को सलाखों के पीछे रखा जाता था, हमेशा के लिए!

क्लिंटन दत्ता के बिल्कुल सामनेवाली गद्देदार कुरसी पर बैठ गए और उन दोनों के बीच एक चीड़ की लकड़ी की बड़ी हुई एक विशाल मेज पड़ी थी।

"दो कॉफी, एक काली और कड़क।" मेजर दत्ता ने इंटरकॉम पर आदेश दिया, अब तक क्लिंटन जोसफ की मुसकराहट गायब हो चुकी थी। उन्होंने आज अपनी आँखों से जो कुछ देखा था, वे अभी भी उसपर भरोसा नहीं कर पा रहे थे। एक पुराना मित्र होने के चलते दत्ता उनकी प्रकृति को अच्छे से जानते थे, कम-से-कम इतना तो जानते ही थे कि उनके मन में क्या चल रहा है, इसका अंदाजा लगा सकें।

"वो कितना बुरा था?" दत्ता ने बिना किसी हिचकिचाहट के उनसे पूछा। वो अब बीते कई सालों से जोसफ के एक अच्छे मित्र थे।

"बुरा। कुछ ऐसा, जिसे मैं अपनी स्मृति से मिटा देना चाहता हूँ।" क्लिंटन ने लकड़ी की मेज पर रखे पेपरवेट को घुमाते हुए कहा।

“आप वहाँ पर थे, आपने वहाँ का मंजर देखा! मैं आपकी भावना को समझ सकता हूँ। उन्होंने क्या इस्तेमाल किया?” मेजर दत्ता ने उनसे पूछा।

“आर.डी.एक्स.।”

“तो आप कैसे शुरू करना चाहेंगे?”

“मैं यहाँ पर मौजूद कुछ ‘बंदियों’ से बात करना चाहता हूँ। मुझे पूरा यकीन है कि मैं इस घटना से जुड़ी कुछ महत्त्वपूर्ण जानकारी पाने में जरूर सफल रहूँगा। मैंने जम्मू में एक साइबर विशेषज्ञ को भी बुला लिया है, जो जल्द ही वहाँ पहुँचनेवाले हैं।”

“हम्म, अगर मैं किसी भी तरह से आपके काम आ सकूँ तो मुझे जरूर बताइएगा।” दत्ता ने उन्हें अपनी तरफ से पूरी मदद करने की पेशकश करते हुए कहा।

“शुक्रिया। मैं आपकी सराहना करता हूँ। कृपया किसी को मेरे साथ भेज दें, मैं सबसे पहले अल-खालिद से बात करना चाहता हूँ।”

दत्ता ने अपनी गरदन ऊपर उठाई और थोड़ा रुकते हुए कहा, “ठीक है!” दोनों ने आपस में हाथ मिलाए और क्लिंटन वहाँ से निकलने की तैयारी करने लगे। “वो कहाँ पर है।” उन्होंने कुरसी को मेज के नीचे खिसकाते हुए पूछा।

“प्रोटोकॉल-7। जमीन से दो मंजिल नीचे। मैं कैप्टन पटनायक को बुलाता हूँ। इसके आगे वो अपनी मदद करेगा।” दत्ता बोले। क्लिंटन ने दत्ता की बात के समर्थन में सिर्फ अपना सिर हिलाया।

उनके दरवाजे के पास पहुँचते ही, राम बावा ने कार्यालय का दरवाजा खटखटाया।

“सर, कॉफी।” उन्होंने दरवाजे के बाहर से ही झाँकते हुए कहा। राम बावा छोटे-मोटे कामों को करने के लिए स्थानीय स्तर पर नियुक्त किए गए एक सहायक कर्मचारी थे। उन्हें तीन महीने पहले ही सरकारी चपरासी के

स्थान पर अस्थायी नियुक्ति के रूप में तब रखा गया, जब वो अपने गृहनगर चला गया और उसके बाद कभी लौटकर अपना चेहरा तक नहीं दिखाया। क्लिंटन जोसफ की जासूसी निगाह दत्ता पर टिक गई।

"उसकी वरदी कहाँ है?" क्लिंटन ने दत्ता से पूछा।

"अरे! जब तक नई नियुक्ति नहीं हो जाती, वो यहाँ पर एक अस्थायी कर्मचारी के रूप में काम कर रहा है। मेरे खयाल से पिछलेवाला यहाँ काम करने को लेकर काफी डर गया था। वो दोबारा काम पर लौटा ही नहीं।" दत्ता बोले।

"आज कॉफी नहीं पीते, फिर कभी, ठीक है मेजर?" क्लिंटन कैप्टन पटनायक से मिलने के लिए बाहर निकलते हुए बोले।

दत्ता अपनी कुरसी पर बैठे रहे, "अगर किसी चीज की आवश्यकता हो तो मैं यहीं पर हूँ।" वे बोले।

कैप्टन पटनायक एक बलिष्ठ, साहसी और तेज-तर्रार व्यक्ति थे, जो बीते एक दशक से भी अधिक समय से भारत सरकार के लिए काम कर रहे थे। क्लिंटन को उनसे मिलकर अच्छा लगा। ऐसा इसलिए था, क्योंकि क्लिंटन जोसफ को तार्किक और सीधी बात करनेवाले लोगों का साथ अच्छा लगता था। भावनात्मक दृष्टिकोण से दुनिया को देखनेवाले लोगों से उन्हें अकसर बोरियत होने लगती थी, कभी क्लिंटन के हृदय में भी भावनाओं के लिए स्थान था, वो अब इतिहास था।

"हैलो, सर! कैप्टन पटनायक। आपसे मिलकर अच्छा लगा।" उस व्यक्ति ने पूरे उत्साह के साथ क्लिंटन का अभिवादन किया।

"मुझे भी, कैप्टन!" क्लिंटन ने अपने जाने-पहचाने तरीके से हाथ मिलाकर और हलकी मुसकराहट के साथ उनका अभिवादन किया।

"मेजर दत्ता ने आपकी जाँच में आपका सहयोग करने के लिए मुझे आपके सहायक के रूप में नियुक्त किया है। आप कहाँ से शुरू करना चाहेंगे,

सर?" पटनायक ने अपने हाथ पीछे बाँधते हुए जोसफ से पूछा।

जोसफ ने उनकी ओर एक रहस्य भरी मुसकान के साथ देखा और बोले, "आपके सबसे सतर्क प्रोटोकॉल—अल-खालिद।" और उस खुले अहाते में अपनी सिगरेट सुलगा ली।

"बिल्कुल, सर! कृपया मेरे पीछे आइए।" कैप्टन ने जोसफ से कहा और वे दोनों उस परिसर में स्थित एक अन्य इमारत के भीतर चले गए और झटके में खुद को नीचे की ओर जानेवाली एक लिफ्ट के भीतर पाया।

"खालिद यहाँ पर कितने समय से बंद है?" जोसफ ने सिर्फ लिफ्ट में फैली खामोशी को तोड़ने के इरादे से पटनायक से पूछा। उन्होंने ऐसा खुद के लिए नहीं, बल्कि युवा कैप्टन को थोड़ा सा सामान्य करने के इरादे से किया।

"चार साल हो चुके हैं, सर!"

जोसफ को अचानक कुछ याद आता है और वे अपना मोबाइल फोन निकाल लेते हैं। उन्हें लीना से कोई संदेश आने की उम्मीद थी। जाँचकर्ता के मोबाइल फोन में ताँका-झाँकी किए बिना पटनायक बोले, "अरे, इस जगह पर मोबाइल फोन या कोई भी दूसरे इलेक्ट्रॉनिक उपकरण काम नहीं करेंगे। इस स्थान पर हर जगह रेडियो जैमर लगे हुए हैं, सर!" जोसफ ने अपनी भौंहें ऊपर उठाईं और उस व्यक्ति के कथन को पुष्ट किया।

लिफ्ट ने भूमिगत स्थान तक पहुँचने में लगभग 90 सेकंड का समय लगाया। दरवाजों के खुलते ही, जोसफ ने चारों ओर का बारीकी से मुआयना किया, क्योंकि वे कभी भी डॉली-3 में इस स्थान पर नहीं आए थे। पटनायक पहले बाहर निकले और क्लिंटन जोसफ को आगे का रास्ता दिखाया। उस जगह पर भारी संख्या में सशस्त्र सुरक्षाकर्मी तैनात थे। वहाँ पर अलग-अलग कोठरियाँ बनी हुई थीं, जिन्हें एक-दूसरे से अलग करने के लिए धातु के भारी दरवाजे लगे हुए थे, जिनमें छोटे आकार के काँच के चौड़े टुकड़े लगे हुए थे। "अच्छा तो देश के दुश्मनों को इनके पीछे कैद करके रखा जाता है, अब समझा।" जोसफ ने सामान्य सी टिप्पणी की।

"देश के दुश्मन नहीं, सर, बल्कि मानवता के दुश्मन, जब मानव रक्त की बात आती है तो इन लोगों के दिल में जरा भी पवित्रता या नैतिकता जैसी कोई बात ही नहीं होती।" पटनायक ने जोसफ के दिल से किसी भी प्रकार की अवधारणा को दूर करने के इरादे से बताया।

वे दोनों उस गलियारे में कुछ गज और आगे बढ़े और वहाँ तैनात सुरक्षाकर्मियों ने उन दोनों को सलाम ठोका और वे अपने गंतव्यवाली कोठरी की ओर आगे बढ़ रहे थे।

"नंबर-23। वो यहाँ पर है सर!" पटनायक ने जोसफ की नजर को औरों से बिल्कुल अलग एक कोठरी की तरफ इशारा करके बताया।

"क्या इससे बात करने कोठरी के अंदर ही जाना होगा?" जोसफ ने उस 'खतरनाक' क्षेत्र में एक ऐसे खूँखार कैदी से पूछताछ को लेकर अपने संदेह को सामने रखा, जिसने एक बार काँच के टूटे हुए टुकड़े से तीन कैदियों की गरदन काटकर जान ले ली थी।

"नहीं सर! हम उसे पूछताछ करनेवाली अलग कोठरी में ले जाएँगे।" पटनायक ने जोसफ को आश्वस्त किया।

"बहुत अच्छे!"

दो अन्य सशस्त्र सुरक्षाकर्मियों ने जोसफ को एक बड़ी कोठरी का रास्ता दिखाया, जिसकी दीवार पर एक काला शीशा लगा हुआ था। उन्होंने अपनी कुरसी को उस कुरसी के सामने टिका लिया, जहाँ पर पूछताछ के दौरान अल-खालिद को बैठाया जाना था। जोसफ बैठ गए, अपने पैरों को ऐसे मोड़ लिया, जैसे वे सप्ताहांत में किसी आरामकुरसी पर बैठे हों और अपने छोटे से नोट पैड को हाथ में ले लिया, अब उस व्यक्ति के आने का इंतजार शुरू हुआ, जिसपर जोसफ को पूरा शक था।

जोसफ के बाएँ हाथ में बँधी कलाई घड़ी में अभी पाँच मिनट का समय भी नहीं बीता था कि धातु का बड़ा सा दरवाजा खुलने की आवाज

आई और वहाँ पर सैकड़ों लोगों की जान लेनेवाला कातिल खड़ा था। उसकी आँखों में जरा भी मानवता नहीं दिखाई दे रही थी और उसके बाल बड़े और बेतरतीब थे। अल-खालिद देखने में बर्बर लोगों जैसा दिखाई देता था। उसके पैरों में लोहे की बड़ी बेड़ियाँ बाँधी गई थीं और असॉल्ट राइफलों से लैस तीन सशस्त्रकर्मी उसे कमरे में लेकर आए। 'कैदी संख्या-23' को वहाँ पर लाते समय बिल्कुल स्पष्ट आदेश दे दिए गए थे, अगर वो पहरेदारों पर काबू पाने या फिर भागने की कोशिश करता है तो उसे तुरंत गोली मार दी जाए। खालिद धीरे-धीरे अंदर की ओर आया और उसे तुरंत कुरसी पर बैठा दिया गया, जबकि तीनों सुरक्षाकर्मियों ने कमरे के तीन कोनों में अपनी जगह सँभाल ली।

अल-खालिद के बारे में यह मशहूर था कि वो सिर्फ एक नजर घूरकर ही सामनेवाले की हड्डियों में सिहरन पैदा कर देता था। वो अपनी पलक तक नहीं झपकाता था। सुरक्षा दल में मौजूद सदस्यों द्वारा उसे शायद ही कभी सोते हुए देखा गया हो। वो बहुत कम बोलता था और वो अपने पास से गुजरनेवाले किसी भी व्यक्ति के बचने की शायद ही कोई गुंजाइश छोड़ता था। कुछ क्षणों के लिए, कमरे में पूरी तरह से खामोशी छाई रही। जोसफ उसकी आँखों में घूरते रहे और खालिद भी बिल्कुल वैसा ही करता रहा। पूछताछ करने का मतलब सिर्फ सवाल-जवाब करना और फिर उसके बाद बल का प्रयोग करना नहीं है। यह एक मानसिक द्वंद्व अधिक है और जोसफ इस काम के महारथी थे। वे इस बात से बहुत अच्छी तरह से वाकिफ थे कि 'घूरनेवाले इस खेल' से पहले पीछे हटनेवाला व्यक्ति हारेगा, पहले बोलनेवाला व्यक्ति हारेगा और जो कोई भी सबसे पहले आक्रामकता प्रदर्शित करेगा उसकी हार तय है। क्लिंटन ने कैदी की तरफ मुसकराना शुरू किया और कैदी ने भी उनकी नकल करनी शुरू कर दी। जासूस जोसफ अब अपनी कुरसी पर और अधिक सहज हो गए और खालिद को इस बात का इशारा दिया कि वे उसके जैसे लोगों का सामना रोज करते हैं और सामनेवाला अकसर हार जाता है।

क्लिंटन ने अपना सिगरेट का पैकेट निकाला और एक सिगरेट सुलगा ली। उनकी सिगरेट बहुत अच्छी गुणवत्तावाले तंबाकू से बनी हुई थीं, जिनका धुआँ धूम्रपान करनेवालों को बेहद पसंद आता था। वो कई प्रकार की जड़ी-बूटियों का एक शानदार संगम था और कई सालों से जेल में बिना किसी 'सुविधा' के बंद खालिद की सारी मोरचाबंदी कमरे में उस धुएँ के फैलते ही काफूर हो गई। क्लिंटन जोसफ ने अपनी चाल बहुत अच्छे तरीके से खेली थी। उन्हें यह बात अच्छे से मालूम थी कि अगर वे अपने सामने बैठे खूँखार व्यक्ति को एक सिगरेट की पेशकश करेंगे तो वो मना नहीं करेगा। उन्होंने बिना कोई चेतावनी दिए, वहाँ पर मौजूद सुरक्षाकर्मियों में से एक की तरफ सिगरेट का पैकेट फेंका और उसे खालिद के लिए एक सिगरेट सुलगाने को कहा।

बातचीत अब शुरू ही होनेवाली थी।

□

6

परमाणु : भारत बनाम पाकिस्तान

विशेषज्ञों का मानना है कि भारत जान-बूझकर और अधिक लचीले विकल्पों, जैसे सख्त जवाबी काररवाई की क्षमता को अपना रहा है। भारत के संभवत: पहले ही पाकिस्तान की लंबी दूरीवाली, युद्धनीतिक परमाणु मिसाइलों को लक्ष्य बनानेवाली क्षमता पा लेने की उम्मीद है।

भारत की दूसरे देश को परमाणु हमले से रोकने लायक परमाणु हथियारों को रखने की घोषित परमाणु नीति में यह बदलाव काफी हद तक पाकिस्तान द्वारा युद्धनीतिक हथियारों और मिसाइलों को तैयार कर लेने के बाद आया। पाकिस्तान ने धमकी दी है कि अगर भारतीय सेना पाकिस्तान में प्रवेश करती है या फिर एक निश्चित सीमा से आगे जाती है तो वो पारंपरिक भारतीय बलों के खिलाफ इन्हें प्रयोग करेगा। एक तरफ जहाँ रणभूमि में प्रयोग होनेवाले परमाणु हथियार को जैसे पाकिस्तान विकसित कर रहा है, उसमें कई जटिलताएँ हैं, इस बात की पूरी संभावना है कि भारत को पाकिस्तान द्वारा भारतीय पारंपरिक सेनाओं के खिलाफ परमाणु हथियारों का उपयोग करने की सूरत में कई विकल्पों की व्यवस्था करके रखनी होगी। भारत की सार्वजनिक परमाणु मुद्रा-नीति किसी भी ऐसे परमाणु हथियार का प्रयोग किए जाने की दशा में बड़े पैमाने पर बदला लेने की रही है। यह भारत की परमाणु हथियारों को 'पहले न प्रयोग करने' (एन.एफ.यू.) वाली नीति के साथ चलती है।

लेकिन पाकिस्तानी धरती पर मौजूद भारतीय सैनिकों पर परमाणु हमला होने की स्थिति में, पाकिस्तानी शहरों पर बड़े पैमाने पर जवाबी हमले का विचार—जिसके चलते लाखों निर्दोष नागरिकों की जान जा सकती है—कितना भरोसेमंद है ? अगर भारत पाकिस्तान के परमाणु हथियारों के प्रयोग के बदले उतने ही परमाणु हथियारों का प्रयोग करता है तो पाकिस्तान बड़े और अधिक आबादीवाले भारतीय शहरों को निशाना बनाने के लिए अपने परमाणु हमले की सीमा को बढ़ा सकता है। इसका मतलब एक प्रकार से खेल को दोबारा पाकिस्तान के हाथों में सौंप देना होगा।

ऐसी स्थिति की आशंका होने के चलते, भारत के नीति नियंता/युद्ध संबंधी नीतियों को तैयार करनेवाले योजनाकार पाकिस्तान की जमीन पर बने हुए युद्धनीतिक परमाणु ठिकानों के खिलाफ सख्त जवाबी काररवाई के विकल्प की ओर आकर्षित होते हैं। इस जवाबी काररवाई में विश्वसनीयता के मुद्दे जवाबी मूल्य लक्ष्यीकरण के मुकाबले कहीं कम हैं।

जवाबी काररवाई के एक बार भारतीय परोक्ष या अपरोक्ष परमाणु मुद्रा बन जाने के बाद, यह पाकिस्तान के लिए काफी फायदेमंद होगा। इसमें थिएटर न्यूक्लियर वेपंस (टी.एन.डब्ल्यू.) का उपयोग करने के लिए कम बढ़ावा और प्रमुख भारतीय परिसंपत्तियों पर पूर्ण पैमाने पर परमाणु हमले के लिए जाने के लिए अधिक बढ़ावा है।

अगर पाकिस्तान को ऐसा लगता है कि वो भारत द्वारा अपने पूरे परमाणु शस्त्रागार को नष्ट करने के प्रयास से पहले ही उसका प्रयोग करने की मजबूरी में है तो भारत की भी यह मजबूरी होगी कि वो अपने बचाव के लिए पहले ही जवाबी काररवाई करे, लेकिन भारत के आधिकारिक एन.एफ.यू. रुख को देखते हुए, समय से पहले की जानेवाली कारवाई भारत की घोषित परमाणु नीति का उल्लंघन होगी। दिलचस्प बात यह है कि भारत अपनी एन.एफ.यू. नीति का मतलब धीरे-धीरे यह कहकर बदलता आ रहा है कि पाकिस्तान की ओर से किसी भी परमाणु हमले की चेतावनी की दशा में उसके द्वारा पहले परमाणु हमला करना उचित होगा।

जवाबी विकल्प होने के चलते भारत को पाकिस्तान के परमाणु ब्लैकमेल के बारे में चिंता किए बिना अपनी मर्जी का एक पारंपरिक युद्ध छेड़ने का विश्वास मिलेगा, लेकिन भारत के 'समय से पूर्व हमला करने' से एक जोखिम भी जुड़ा हुआ है।

इस बात की कोई गारंटी नहीं है कि पाकिस्तान के युद्धनीतिक परमाणु ठिकानों पर किए जानेवाले पहले हमले पूरी तरह से सफल ही हों। निश्चित ही, पाकिस्तान भी तब अपनी परमाणु मुद्रा को समायोजित कर लेगा, जब उसे इस बात का जरा सा भी अंदाजा होगा कि भारत की नीति बदल गई है। हो सकता है कि दोनों ही पक्ष यह तय करें कि वे पहल करने का मौका नहीं चूक सकते और ऐसे में 'पहले हमला करने को लेकर अस्थिरता' आ सकती है। चूँकि इस बात की संभावना न के बराबर है कि भारत जवाबी हमला करने के अपने विकल्प से पीछे हटेगा और अगर वो ऐसा करता भी है तो पाकिस्तान ऐसा करने से मना करने पर जरा भी भरोसा नहीं करेगा, पाकिस्तान इस भारतीय खतरे पर प्रतिक्रिया जरूर देगा। उस प्रतिक्रिया का स्वरूप कैसा हो सकता है ? हो सकता है कि उसके परिणामस्वरूप पाकिस्तान अपने परमाणु हथियारों की संख्या में इजाफा कर दे और उन्हें अपनी मनमर्जी से जहाँ चाहे वहाँ तैनात करे और संकट के समय में उन्हें दागने का अधिकार शायद फील्ड कमांडरों के हाथों में सौंप दे।

ऐसे 'खेल' पहले भी खेले जा चुके हैं और भारत और पाकिस्तान जिस स्तर पर जा सकते हैं, उससे कहीं ऊँचे स्तर पर खेले जा चुके हैं। महाशक्तियों के शीत युद्ध में, जब वो अपने चरम पर था तब, दसियों हजार की संख्या में परमाणु हथियार शामिल थे; और दोनों शक्तियों के पास कुल मिलाकर 50,000 से भी अधिक परमाणु हथियार मौजूद थे।

□

7

बुराई पर अच्छाई

"कई बार बुराई सिर्फ इसलिए जीत जाती है, क्योंकि वो अच्छाई से सिर्फ पल भर तेज होती है।"

पूछताछ कक्षों में अकसर एक क्षण ऐसा आता है, जब किसी को भी पसीने से भीगी हुई त्वचा के पीछे से सिर्फ धड़कते हुए दिल की आवाज सुनाई देती है, अगर कोई बहुत गौर से सुनने का प्रयास करे तो वो उन पुरानी दीवारों में छिपी हुई कई कहानियाँ सुन सकता है। बरबादी, हत्या, स्वीकारोक्ति, षड्यंत्र और बेगुनाही की कहानियाँ। पूछताछ कक्षों में रहस्य और डर से भरा माहौल होता है। वहाँ का माहौल अकसर बदबू भरा होता है और चीख-चीखकर उन पाशविक मानवीय प्रवृत्तियों की गवाही देता है, जो मनुष्य को अपने स्वभाव को बेहद क्रूरता के साथ मारने को प्रेरित करता है। जोसफ अपने जीवन में कई बार ऐसे कमरों के साक्षी बन चुके थे, हालाँकि यह वाला उनके स्वभाव के हिसाब से काफी अंधकार भरा था। वहाँ पर उन्हें सुकून पहुँचानेवाली सिर्फ एक ही चीज थी और वो थी, जलती हुई धीमी मौत से निकलनेवाला धुआँ। खालिद वहाँ पर बैठा हुआ हथकड़ी बँधे हाथों से सिगरेट पी रहा था और बीच-बीच में जोसफ पर भी एक नजर डाल लेता था।

अल-खालिद अपनी मातृभाषा में कुछ बड़बड़ाना शुरू कर देता है, अपने खुदा का शुक्रिया करने का प्रयास करता है।

जोसफ—तुम ऐसा कैसे कर लेते हो? तुम्हारे साथ मौजूद अन्य लोग ऐसा कैसे करते हैं?

खालिद कुछ क्षणों के लिए पसोपेश में पड़ गया; "क्या करते हैं?" वो बोला और चौथाई जल चुकी सिगरेट से एक और कश खींचा।

जोसफ—ऐसा। लोगों की जान लेना और अपने खुदा को याद करने की हिम्मत करना। क्या आपके खुदा को खून पसंद है? क्या उन्हें लोगों की गरदन कलम किए जाते समय उनके द्वारा निकाली गई चीखें पसंद हैं? क्या उसे बमबारी में लोगों का मारा जाना अच्छा लगता है?

खालिद हौले से मुसकराया। उसने अपना सिर ऊपर उठाया, चेहरे पर झूठी हँसी लाया और बोला, "खुदा? तुम उसके बारे में क्या जानते हो? तुम ईश्वर के बारे में क्या जानते हो? तुम सरकारी तनख्वाह पर काम करनेवाले एक व्यक्ति हो…।" जोसफ ने खालिद को बोलना जारी रखने दिया। "आप एक ऐसे व्यक्ति हैं, जिनकी देखभाल करने को परिवार है, जनता है, देश है और आपका भगवान् भी है।" खालिद ने गुस्से में काँपती हुई आवाज के साथ कहा। क्लिंटन जोसफ इस बात को अच्छे से समझ गए थे और वे दुनिया के सबसे बेहतरीन श्रोता की तरह सुनने को पूरी तरह से तैयार थे।

खालिद—'मासूम' लोगों में एक बहुत बुरी आदत होती है। वे अपनी नजरों को अँधेरे की ओर मोड़ लेते हैं, दूसरों को दोष देते हैं, जो कभी परिस्थितियों से पार नहीं पा सकते और फिर बहाने बनाते हैं।

जोसफ—वो बहाने बनाते हैं?

खालिद ने गुस्से में अपने दाँतों को बिल्कुल ऐसे भींचा, जैसे कोई शिक्षक तब भींचता है, जब वो युवा छात्रों के बेवकूफाना सवालों से पूरी तरह से तंग हो जाता है। "नागरिक, सभ्य लोग या आप उन्हें जिस भी नाम

से बुलाना चाहें, बुला सकते हैं, वे अपनी आँखों पर उसका एक परदा डाल लेते हैं, जिसे आप शिक्षा कहते हैं। उन्हें लगता है कि ईश-निंदा करना ठीक है, मारना गलत है, वे कमजोर पड़ जाते हैं और जो महत्त्वपूर्ण है, उसकी रक्षा करने में असमर्थ रहते हैं। वे अपने पूरे जीवनकाल में, क्या गलत है और क्या सही है, इसके 'कारणों' और 'औचित्य' के पीछे छिपे रहते हैं…" हथकड़ी बँधे हुए उस व्यक्ति ने गहरी साँस लेते हुए कहा। तहखाने में बना वो कमरा थोड़ा गरम और नम था और तीनों लोग बिना कोई मेहनत किए ही पसीने से लथपथ हो चुके थे।

जोसफ यह नहीं तय कर पा रहे थे कि उस व्यक्ति से बात करने के लिए कौन सा उचित शुरुआती बिंदु ठीक रहेगा। तर्कसंगतता से जुड़ी किसी भी बात को स्वीकार करने के लिए अल-खालिद बहुत कठोर था और उसका दिमाग पूरी तरह से बदला जा चुका था, हालाँकि जोसफ ने शुरुआत में मामला बराबरी का रखा।

जोसफ—परदा? औचित्य? क्या आपका यह मानना ठीक है कि जो भी आपकी चरमपंथी विचारधारा से सहमत नहीं है, उसे जीवन जीने का कोई अधिकार नहीं है?

खालिद—यह तय करना मेरा काम नहीं है कि किसे जीना है और किसे मरना है। मैं सिर्फ अपने अल्लाह के आदेशों को मानता हूँ। मेरा उद्देश्य इस संदेश को फैलाना और उनके खिलाफ अपने 'अल्लाह' के हितों की रक्षा करना है, जो बड़ी चतुराई से उसे नष्ट कर रहे हैं।

जोसफ—तो तुम आतंकवादी नहीं, भाड़े के टट्टू हो?

खालिद ने बदले में अपने सामने मौजूद व्यक्ति की आँखों की तरफ घूरना जारी रखा।

"छोड़ो," जोसफ बोले, "हम इस विषय पर पूरी रात बात कर सकते हैं और कोई नतीजा नहीं निकलेगा।" और उन्होंने सुरक्षाकर्मी को अपने लिए सिगरेट का पैकेट लाने का इशारा किया।

"तो···तुम्हारा गुट कैसा चल रहा है, जमीन पर मौजूद तुम्हारे साथी कैसा काम कर रहे हैं?" जोसफ ने मुसकराहट के साथ पूछा और उनका सिर आत्मविश्वास से उठा हुआ था। खालिद चुप था और बीच-बीच में कभी-कभी वो अपने सामने मौजूद जासूस से नजरें चुरा रहा था।

"एक बार फिर चुप्पी, हुँह! थोड़ी देर पहले तो तुम बड़ी-बड़ी बातें कर रहे थे, अब तुम बात भी नहीं करना चाहते। मैं बात करने का सुझाव देता हूँ। हमें अपने कीमती समय को बचाना चाहिए।" और जोसफ कुछ फुसफुसाते हुए उस आदमी के और करीब आ गए, "मैंने सुना है कि ये लोग तुम्हें पीने के लिए शराब नहीं उपलब्ध करवाते और तुम काफी दिनों से अपनी महबूबा से भी नहीं मिले हो, क्यों?"

जोसफ के पीछे हटने के दौरान खालिद उस जासूस की आँखों में देखने के लिए अपनी नजरों को उठाता है और फिर उसके बाद एक जंगली हँसी की आवाज आती है। दर्द भरी कहानियों के गवाह बने उस कमरे की पुरानी दीवारों ने कई दशकों बाद ऐसे ठहाकों की आवाजें सुनी होंगी।

हँसनेवाला और कोई नहीं, बल्कि अल-खालिद था। सुरक्षाकर्मी ने जोसफ की तरफ देखा और जोसफ से अपनी भौंहें उठाईं, हालाँकि वे जरा भी हैरान नहीं थे। वे सिगरेट सुलगाते रहे और खालिद की सिगरेट को खत्म होते देखते रहे।

"हँसने की जहमत क्यों उठाते हो?" जोसफ ने एक अनुभवी जाँचकर्ता के चेहरे के साथ पूछा।

"आप लोग पूरी तरह से अविश्वसनीय हैं।" खालिद ने अपनी हँसी पर लगाम लगाते हुए कहा। "तुम मुझे शराब और लड़कियों की रिश्वत देने का प्रयास कर रहे हो?" और वो एक बार फिर अनियंत्रित हँसी के दौर में चला गया। कुछ क्षणों बाद जब उसकी यह हँसी अपने आप रुक गई तो वो बोला, "क्या तुम्हें नहीं लगता कि मुझे पता है कि जेल का जीवन कैसा होता है? तुम मुझे रिश्वत दे रहे हो, ताकि मैं अपने खुदा और मिशन में लगे अपने भाइयों के

साथ धोखा करूँ?" और खालिद की आवाज में एक बार फिर उसके भीतर छिपी आक्रामकता झलकने लगी।

खालिद—क्यों आपको लगता है कि मैं आपके सरकारी विभागों में तैनात भ्रष्ट बाबुओं की तरह हूँ, जो जरा सी सस्ती दारू और लड़कियों के लिए अपना सर्वस्व बेचने को तैयार हो जाते हैं? तुम्हें भर्ती किसने किया, मेरे दोस्त?

जोसफ ने उसकी बातों का जवाब न देने का फैसला किया और उसकी तरफ ऐसे देखता रहा, मानो वो चाहता हो कि वो बोलना जारी रखे।

खालिद—आप एक सफेद-कॉलरवाली कमीज और एक शानदार घड़ी पहनते हैं, श्रीमान क्लिंटन! आप सबसे बेहतरीन सिगरेट पीना और बड़े लोगोंवाली पार्टियों में जाना पसंद करते हैं। आप दिखावा ऐसा करते हैं, जैसे आप देश की सेवा कर रहे हैं। आप सच्चाई से बहुत दूर रहते हैं, वास्तविकता से बहुत दूर...।

जोसफ ने कुछ नहीं किया, बल्कि वो खलिद की ओर ऐसे घूरते रहे, जैसे वे उससे बहुत अधिक नाराज हों, हालाँकि उनका मस्तिष्क यह चाह रहा था कि वो जितनी अधिक बकवास कर सकता था, उतनी अधिक करता रहे। वे चाहते थे कि खूँखार कातिल और देश का दुश्मन बोलते हुए अपने मन की सारी भड़ास निकाल दे।

जोसफ—तुम्हें मेरे कपड़े और सिगरेट पसंद नहीं हैं?

और वो ऐसे हँसा, जैसे उनके बोलने के साथ ही वो उनका मजाक उड़ा रहा हो। अरे ऑफिसर, क्या तुम्हें मेरे कपड़े पसंद हैं? जोसफ उस आदमी के भरोसे का मजाक उड़ाने लगे। जेल का सुरक्षाकर्मी वहाँ खड़ा रहा, वो भी बिना हँसे या मुसकराए और उसकी उँगलियाँ पूरे समय अपनी असॉल्ट राइफल के ट्रिगर पर थीं, ताकि वो मौका पड़ने पर चूके न।

खालिद उस मौके पर बेहद नाराज था और यह बात उसके चेहरे से साफ झलक रही थी।

खालिद—तुम्हारे जैसे लोग इस बात को नहीं समझेंगे। तुम्हारे जैसे लोग एक सेना तैयार करने का नाटक करते हैं, नागरिकों की रक्षा करने का नाटक करते हैं और समाज के ताने-बाने की रक्षा करने का नाटक करते हैं। सच्चाई यह है कि···सच यह है कि वो हम लोग हैं, जिन्हें इस गंदगी को साफ करना पड़ता है!

जोसफ ने उस व्यक्ति की आँखों में सीधे देखना जारी रखा, जैसे वे उसमें जरा बहुत मानवता को तलाशने की कोशिश कर रहे हों। ऐसा होने में नाकाम होने पर उन्होंने पूछा, "किसकी सफाई?"

खालिद—वे जो शक्तिशाली से नफरत करते हैं, वे जो हमारी संस्कृति को नष्ट कर रहे हैं। पूर्व और पश्चिम के लोग पिछले काफी समय से हमें निशाना बनाए हुए हैं। वे आक्रमणकारी हैं, वे हमारे खुदा से डरते हैं। उन्होंने लंबे समय तक हमें पश्चिम के नीच कामों में धकेला है, हमारी संस्कृति को नष्ट किया है और हमारी महिलाओं के साथ अभद्रता की है। लेकिन तुम जैसे कीड़े और तुम्हारी सरकार एक बात भूज जाते हैं। यह बात कि हम लड़ाके हैं, हम जिहादी हैं। तुम यह बात भूल गए हो कि हम खून-खराबा करने से कतराते नहीं हैं। हम चंगेज खान के बाद से ही दुनिया पर राज करते आए हैं। हम कल भी दुनिया पर राज करेंगे।

खालिद के शब्द खत्म हो गए और उसने तंज कसनेवाले लहजे में जोसफ की तरफ उचटती नजर से देखा और घूरा। जोसफ ने भी अपने चिर-परिचित शांत अंदाज में उसे घूरना जारी रखा। उन्हें राष्ट्रीय हित के एक बेहद सुरक्षित कैदी को हाथ तक लगाने की अनुमति नहीं थी, हालाँकि अगर मामला खुले क्षेत्र का होता तो उन्होंने घूरनेवाले उस व्यक्ति को किसी भी सूरत में जिंदा नहीं छोड़ा होता। अब तक, क्लिंटन जोसफ उस व्यक्ति को अपना मुँह खोलने पर मजबूर करने में सफल रहे थे, कुछ ऐसा जिसे मेजर दत्ता असंभव काम मानते आए थे।

जोसफ—अगर मैं गलत बोल रहा हूँ तो मुझे ठीक करना, मूर्ख आदमी!

तुम यह कह रहे हो कि मासूम बच्चों और महिलाओं ने तुम्हारी संस्कृति को नष्ट कर दिया है और तुम्हारे 'खुदा' को शक्तिहीन कर दिया है? जोसफ ने अपनी दाहिनी भौंह को चढ़ाया और धीरे-धीरे आगे की ओर झुके। क्या तुम अपने इस साधारण तर्क से उस तमाम गंदगी को उचित ठहरा रहे हो, जो तुमने फैलाई है और उन तमाम लोगों की हत्याओं को, जो तुमने की हैं।

और उस जासूस की बात के खत्म होते ही उस राक्षसी प्रवृत्ति वाले व्यक्ति के मुँह से हँसी का एक और फव्वारा फूट पड़ा।

खालिद—यही। मैं काफी देर से यही सुनना चाहता था। बहुत बेताबी से। जब तुम जैसे लोग गुस्सा होते हैं तो मुझे बहुत अच्छा लगता है, तुम तब गुस्सा होते हो, जब तुम्हें चोट लगती है। मैं लोगों को नहीं 'मारता'। मेरे लोग निर्दोष पुरुषों, महिलाओं और बच्चों की 'हत्या' नहीं करते। हम अल्लाह के लिए उनकी 'कुरबानी' देते हैं, हम तुम्हारी व्यवस्था को चोट पहुँचाने और उसे बुराइयों से मुक्त करने के लिए कुरबानी देते हैं। बोलते हुए खालिद मुसकरा रहा था। उसकी मुसकान जोसफ के अब तक के जीवन की सबसे घृणित हँसी थी।

अपने धैर्य और गंभीर सोच के लिए पहचाने जानेवाले उस जासूस के लिए उन बातों को पचा पाना बड़ा मुश्किल हो रहा था, जो उनके सामने बैठा व्यक्ति दुनिया के बारे में बोले जा रहा था। स्याह, घृणास्पद और खून का प्यासा। वे सोचने लगे कि हम किसी मनुष्य को ऐसा कैसे बना देते हैं? हालाँकि, उन्होंने अपने गुस्से पर काबू रखा और बातचीत को जारी रहने दिया।

जोसफ—कुरबानी? तुम इसे कुरबानी कहते हो, हुँह? बुराई कैसे काम करती है, यह जानना बेहद दिलचस्प है! और जोसफ के चेहरे पर निराशा से भरी वो हारी हुई मुसकान तैर गई, जो उनके चेहरे पर तब आई थी, जब उनका प्रेम उनसे जुदा हुआ था। मुझे लगता है कि तुम अभी तक सही 'खुदा' से मिले ही नहीं हो। तुम्हारे साथ अब तक न्याय नहीं हुआ है मेरे दोस्त! तुम्हें

अपनी तमाम 'कुरबानियों' का पूरा फल मिलेगा। जन्नत में नहीं, बल्कि यहीं धरती पर।

खालिद ने उनकी ओर ऐसे देखा, जैसे वो खत्म होती समझदारीवाले एक व्यक्ति को देख रहा हो। बावजूद इसके जोसफ के आत्मविश्वास और उनकी आँखों की चमक को देखकर उसके दिल में जरा सा डर का भाव आ गया।

जोसफ—भीतर से तो तुम्हें भी अपने भविष्य के बारे में अच्छे से पता है। तुम्हारे मालिक एल.ओ.सी. से काफी दूर आराम फरमा रहे हैं और शायद दुनिया की सबसे अच्छी शैंपेन पीते हुए तुम्हारे 'प्रतिस्थापन' के बारे में सोच रहे होंगे। तुम एक ऐसे संसाधन हो, जिसकी वे आसानी से कुरबानी दे सकते हैं, मूर्ख! जोसफ खड़ा हुआ, खालिद की तरफ अपनी पीठ की और कमरे में घूमना शुरू कर दिया।

"तुम्हें लगता है कि तुमने उनका दिल जीत लिया है? हा हा, तुम उनके लिए हमेशा से एक मूर्ख रहे हो। उन्होंने तुम्हारा दिमाग बाँधा, तुम्हारा इस्तेमाल किया और तुम्हें मासूम लोगों के खिलाफ अमानवीय काम करने को मजबूर किया, ताकि उनके हाथ पूरी तरह से साफ रहें। तुम भाड़े पर काम करनेवाले कसाई के अलावा कुछ और नहीं हो, जिसे यह लगता है कि वो कोई बड़ा धार्मिक काम कर रहा है। असलियत में तो तुम भ्रम के शिकार एक ऐसे अंधे हो, जो दूसरों के दुःख से खुश होता है। तुम मानवता के दुश्मन हो, एक पागल कुत्ते, जिसे देखते ही गोली मार देनी चाहिए···" जोसफ ने अपनी बात जारी रखी। उनके इन शब्दों के दोहरे मायने थे। वे भ्रम के शिकार उस आतंकवादी को अपने ज्ञान का थोड़ा अंश देना चाहते थे और दूसरा, वे चाहते थे कि किसी भी तरह से उसकी नाराजगी भड़के, ताकि वो गुस्से में आकर कुछ महत्त्वपूर्ण जानकारी अपने मुँह से निकाले।

"अपने लंबे कॅरियर के दौरान, मुझे तुम्हारे जैसे कुछ पागल कुत्तों को ढेर करने का मौका मिला है, जब मैं तुम्हारे अन्य साथियों को सरकारी मुर्दाघरों में ठंडा और मरा हुआ देखता हूँ तो मुझे जिस खुशी का अहसास होता

है, मैं उसका वर्णन भी नहीं कर सकता…हा हा," और जोसफ ने एक और सिगरेट सुलगा ली।

खालिद—मेरा भी बिल्कुल ऐसा ही मानना है…मेरे आदमियों ने आई.ई.डी. (इंप्रोवाइज्ड एक्सप्लोसिव डिवाइस) से तुम्हारे 40 के करीब कुत्तों को ढेर कर दिया…हा हा हा। खालिद की हँसी के उस दौरे ने उसे एक बार फिर हिला दिया। जोसफ रुक गए और उन्होंने इशारा किया।

जोसफ—तो वो तुम्हारे आदमी थे? इस काम में और कौन-कौन शामिल था? अगर तुम्हारी पैदाइश वेश्यालय की नहीं है तो मेरे सवालों के जवाब दो!

खालिद—मर्यादा को खोना तो हमारा काम है, ऑफिसर! ऐसी भाषा आपके व्यक्तित्व से मेल नहीं खाती। इस बात का आपसे कोई मतलब ही नहीं है कि मेरी पैदाइश वेश्यालय की है या कहीं और की। हा हा…मैं तुमसे भी कहीं ज्यादा होशियार पूछताछ करनेवालों की पूछताछ से गुजर चुका हूँ। मैं हम दोनों का समय बचाना चाहता हूँ।

जोसफ वहाँ पर पूरी तरह से चौकन्ने खड़े थे, ताकि वे उसके मुँह से निकलनेवाले किसी भी महत्त्वपूर्ण शब्द से वंचित न रह जाएँ। एक तारीख, एक संख्या, एक नाम या फिर कुछ भी! कमरे में मौजूद सुरक्षाकर्मी ने भी अच्छे से सुनने के लिए अपनी मुद्रा बदल ली।

जोसफ—बोलते रहो।

खालिद—हालिया धमाके के पीछे मैं ही था, मैंने ही उस पूरे 'समाधान' की रचना की थी। मैंने इस पूरे खेल को रचा और तुम्हारी सरकार असहाय बनी खड़ी रही। मैंने अल्लाह को अर्पित करने के लिए तुम्हारे आदमियों को मांस के छोटे-छोटे टुकड़ों में तब्दील कर दिया। मुझे सिर्फ कुछ किलो आर.डी.एक्स., दो आदमियों की जरूरत पड़ी। मैं उन्हें बिल्कुल आखिरी मौके तक निर्देश देता रहा। मैंने फोन पर धमाके के होने की आवाज सुनी। मैं तो उस दृश्य की सिर्फ कल्पना ही कर सकता हूँ, जब तुम्हारे आदमी चिल्ला रहे थे, मरे पड़े थे, घायल और डरे हुए थे, वहाँ पर यही मेरा मिशन था। मैं

उन्हें डरा हुआ देखना चाहता था। मैं जब भी 'काफिरों' की आँखों में डर की भावना देखता हूँ तो मैं मुक्ति के और भी करीब पहुँच जाता हूँ। मैं ऐसा दोबारा करूँगा; मैं और अधिक लोगों को कुरबान करूँगा। मेरे आदमी इस धरती पर पैदा होनेवाले हर 'काफिर' के खिलाफ जिहाद करेंगे और हम जरा भी डरते नहीं हैं। हम मरने से नहीं डरते हैं, हम नरक में जाने से नहीं डरते हैं और न ही फैसले के दर्द से डरते हैं। हम तुमपर हमला करने का कोई मौका नहीं छोड़ेंगे। हम तुम्हारे लोगों के गले काट देंगे, तुम्हारी औरतों को नापाक करेंगे, तुम्हारे बच्चों को छीन लेंगे और हर जगह पर अपने झंडे फहराएँगे।

खालिद की साँसें भारी होने लगीं और वो एक ऐसी स्थिति में पहुँच गया, जैसे गुस्से में उसके दिमाग की नसें बस फट ही जाएँगी। जोसफ उसकी बात सुनते रहे और अपने जबड़ों को भींचते रहे।

खालिद—और तुम्हारा भगवान आज हमारे साथ है। जोसफ हैरानी में पड़ गए। तुम्हारे हलके खून का शुक्रिया, डरपोको! तुम्हारे आदमियों को बड़ी आसानी से पैसे के बल पर खरीदा जा सकता है।

और वो आतंकवादी अचानक से रुक गया। "ऐसा कैसे हो सकता है। हमारे 'भगवान्' ने तुम्हारी मदद कैसे की, खालिद?" जोसफ ने पूछा।

खालिद ने ऊपर देखा, अपनी आँखें बंद कीं और ऐसा लगा, जैसे वो अपने परवरदिगार को याद कर रहा हो। उसका सिर नीचे जमीन की ओर झुक गया। वो हँसा, "तुम्हारे राम कभी तुम्हारे साथ थे ही नहीं···हा हा हा···हा हा हा," और उसने अपना लॉकेट झटके से निकाला, उसे अपने मुँह में डाल लिया और बोला, "खुदा हाफिज, अफसरान, अल्लाहू-अकबर।" और उस लॉकेट में जो कुछ भी था, उसने उसे निगल लिया।

इससे पहले कि वहाँ मौजूद अन्य अधिकारी कुछ समझ पाते, जोसफ जबरदस्ती उसका मुँह खोलने के लिए बड़ी तेजी से उसकी ओर बढ़े, हालाँकि उन्हें बहुत देर हो चुकी थी और वो मर चुका था।

□

8

बेसब्री का नतीजा होता है हार या फिर मौत

"बेसब्री गरम खून की सबसे बड़ी निशानी है। एक वही है, जो मारता भी है और मारा भी जाता है।"

जेट के इंजन शोर बंद हो गया और उसके आफ्टर-बर्नर ठंडे होने शुरू हो गए। उसके कॉकपिट की छत के ठीक नीचे 'हेलरेजर' लिखा था। दरवाजा ऊपर उठा और 'यंग थंडर' बिल्कुल तभी एक एयरमैन द्वारा लगाईं गई सीढ़ी से नीचे उतरा। वो काफी जल्दी में था, सामान्य से कहीं अधिक। एयरमैन ने उसे सलाम ठोका, जिसे उसने अनदेखा कर दिया। उनसे उड़ान के समय पहना जाने वाला अपना हेलमेट उतारा, अपनी प्रेशर जैकेट को सलीके से तह किया, और बेचैनी भरे कदमों के साथ हेंगर की ओर बढ़ गया।

वहाँ पर भारतीय ध्वज से सुसज्जित हरे रंग के मैकेनिक सूट में मौजूद थे, वायुसेना के मुख्य तकनीशियन सिद्धार्थ अवस्थी। वे हाथ पीछे बाँधे हुए खड़े थे और उनके हाव-भाव में उनकी चिर-परिचित मुसकराहट का नामोनिशान तक नहीं था। पायलट उनके सामने जाकर खड़ा हो गया। स्क्वाड्रन लीडर मृत्युंजय मंडल, जिसे विंग कमांडर आनंद ने नाम दिया था यंग थंडर, बल

के सबसे उज्ज्वल पायलटों में से एक था। उसने आनंद के नेतृत्व में प्रशिक्षण प्राप्त किया था और वो स्क्वाड्रन का सबसे युवा पायलट था। मृत्युंजय ने, एक बार को तो खींसें निपोरीं और फिर मुँह फेर लिया।

"देखिए। आप एक मिशन पर थे। आप प्रोटोकॉल से भलीभाँति परिचित हैं। हम किसी भी तरह से आपको इस बात की सूचना नहीं दे सकते थे।" श्रीमान अवस्थी ने स्पष्ट किया। मंडल ने उनकी बात को गौर से सुना, अपनी नाराजगी को दिखाने के लिए बंदर जैसा मुँह बनाया और फिर सामान्य हो गए।

"काका, आप तो अच्छे से जानते हैं कि अन्ना मेरे लिए क्या हैं। वे सिर्फ मेरे वरिष्ठ ही नहीं हैं, वे मेरे गॉडफादर हैं।" मंडल बोले। सिद्धार्थ ने उनकी बात के प्रति सहमति जताते हुए अपना सिर हिलाया और दोनों हैंगर की ओर बढ़ने लगे।

"तो, यह कितना बुरा है? वो वापस कब आ रहे हैं?" मंडल ने पूछा।

अवस्थी एक क्षण को रुके और फिर बोले, "उन्हें बंधक बना लिया गया है, लेकिन हम…" इससे पहले कि वे एक शब्द भी आगे कह पाते, मंडल फट पड़ा, "अन्ना कैद में हैं? पाकिस्तान की कैद में? और आप यह मुझे अब बता रहे हैं, सिद्धार्थ?"

"प्रोटोकॉल…"

मंडल ने कुछ कहते हुए अपनी आँखें बंद कर लीं और अपना सिर ऊपर की ओर उठा लिया। "अब क्या, हम क्या कर रहे हैं?"

"प्रतिनिधिमंडल स्तर पर वार्त्ता चल रही है। हम उनकी या फिर आनंद की तरफ से किसी बयान के आने का इंतजार कर रहे हैं।" अवस्थी बोले।

अवस्थी ने वहाँ मौजूद अन्य कर्मचारी को इशारा किया और वो तुरंत ही कॉफी ले आया। मंडल ने कॉफी की तरफ ध्यान नहीं दिया और बीन बैग पर बैठ गया। "मैं पहले नहाना पसंद करूँगा।" वो बोला।

"अच्छा! अच्छा विचार है।" अवस्थी ने उसका समर्थन किया।

"फिर अन्ना को वापस लाएँगे। उसके बाद ही मैं यह कॉफी पीऊँगा।" मंडल उस बीन बैग से उठते हुए बोला।

"देखो, आनंद ने सिर्फ इसीलिए तुम्हारा नाम यंग थंडर रखा था। इस शांत से दिखनेवाले शीर्षक के पीछे भी एक बड़ी वजह है। तुम एक असल तूफान की तरह गरम दिमागवाले हो और साथ ही तुम्हारा गुस्सा बहुत जल्दी हवा भी हो जाता है। आनंद और मैं अकसर तुम्हारे गुस्से की चर्चा करते हैं, अगर वे यहाँ होते तो, उन्होंने..." अवस्थी ने बोलना जारी रखा, लेकिन मंडल ने उनकी बात को बीच में ही काट दिया, "अगर वे यहाँ होते तो उन्होंने जरूर किया होता, लेकिन वे यहाँ नहीं हैं और यह सच्चाई है।" और वो युवा पायलट फ्लाइंग ऑफिसर्स मेस की ओर बढ़ गया।

सिद्धार्थ डसॉल्ट निर्मित मिराज 2000-सी विमान के सबसे योग्य और कुशल तकनीकी विशेषज्ञों में से एक थे। एवियोनिक्स से आयुध तक, वो अँधेरे में सिर्फ एक पेचकस के साथ किसी भी चीज की मरम्मत कर सकने में सक्षम थे, जैसा कि स्क्वाड्रन में अकसर मजाक में उनके बारे में कहा जाता था, हालाँकि वो उनका तकनीकी कौशल नहीं था, जिसके चलते वे 79वें बॉम्बर स्क्वाड्रन के अधिकारियों के दिलों में खास स्थान बनाने में कामयाब रहे थे। वे परेशानियों को हल कर सकते थे, रिश्ते बनाने में महारथी थे और उन अधिकारियों तक का मार्गदर्शन करने में सक्षम थे, जो उनसे कहीं वरिष्ठ पदों पर कार्यरत थे। वे भी उनके इस रवैये और नैतिकता के साथ उन्हें उसी सम्मान भरी नजरों से देखते थे। सिद्धार्थ अवस्थी को ऐसा लग रहा था कि मंडल अब कुछ करने की कोशिश करेगा और इस बात की पूरी संभावना थी कि वो अपने गुस्से के चलते किसी बड़ी परेशानी में फँस जाए। ऐसा पहले भी कई मौकों पर हो चुका था और ऐसा तब हो रहा था, जब उसे इसकी खबर मिली कि एयर मार्शल के कार्यालय में क्या कुछ चल रहा है।

सिद्धार्थ के एक सहयोगी ने उन्हें फोन किया। "क्या? अरे नहीं। मुझे

पता था। ठीक है, मुझे जानकारी से अवगत करवाते रहें।" अवस्थी ने यह कहते हुए फोन काट दिया।

वो एक शानदार कार्यालय था और प्रत्येक वस्तु को पूरी बारीकी के साथ उसके स्थान पर सजाया गया था। वहाँ की दीवारों पर पदक, दुर्लभ चित्र लटके हुए थे, दुनिश की शानदार मॉल्ट से सजी अलमारी थी और अनगिनत युद्धक विमानों के स्केल मॉडल रखे हुए थे। एयर मार्शल धनोबा भारतीय वायुसेना के सबसे घातक बॉम्बर स्क्वाड्रन के बहुत सम्मानित अधिकारी थे। धनोबा अपनी बड़ी सी चमड़े की बनी हुई कुरसी पर बैठे थे और अपनी दाढ़ी पर हाथ फेर रहे थे।

तीन स्क्वाड्रन लीडर्स, मृत्युंजय मंडल, अमनदीप सिंह और परम पसरीशा उनके सामने सावधान की मुद्रा में खड़े थे। "आराम से, सज्जनो!" धनोबा ने एक बूढ़े शेर राजावाली आवाज में कहा।

"एक हमला? आनंद को छुड़वाने के लिए गुप्त हमला? सज्जनो! मैं आपकी भावनाओं को बहुत अच्छे से समझता हूँ, लेकिन सरकार पहले ही हस्तक्षेप कर चुकी है। ऐसा नहीं है कि सिर्फ वायुसेना की ही इज्जत दाँव पर लगी हुई है, बल्कि यह अब अंतरराष्ट्रीय संबंधों का मामला बन चुका है। हम सिर्फ अपने स्तर पर कोई निर्णय नहीं ले सकते।" वे बोले।

"सर, क्या मैं कुछ बोल सकता हूँ?" मंडल ने पूछा।

"हाँ, ऑफिसर!"

"विंग कमांडर आनंद हम लोगों में से ही एक हैं। मुझे पूरा यकीन है कि वो हमारी तरफ से एक बचाव मिशन की उम्मीद कर रहे होंगे। मेरा कहना है कि हमें रातोरात एक भीतरी काररवाई करनी चाहिए, आसपास के क्षेत्र में बमबारी करनी चाहिए, अपने अधिकारी को एक हेलिकॉप्टर में निकालना चाहिए और उन्हें वहाँ से ले आना चाहिए और हम आसानी से कह सकते हैं कि पता नहीं यह किसने किया।" मंडल एक ही साँस में अपनी बात पूरी बोल गए।

"योजना तो अच्छी है, ऑफिसर! लेकिन मुझे इस बात का यकीन है कि हम 'पता नहीं यह किसने किया' वाली स्थिति से कहीं आगे निकल चुके हैं। आनंद अब भारत सरकार की जिम्मेदारी हैं। आई.ए.एफ. अब सिर्फ आदेशों के अनुसार ही काम करेगी।" धनोबा बोले, "बस अब और अजीबोगरीब योजनाएँ नहीं। मुझे इस बात का पूरा यकीन है कि वे जैसे गए थे, वैसे ही वापस लौट आएँगे। कोई सवाल?"

"लेकिन सर..." मंडल ने बीच में टोकने का प्रयास किया।

"कोई और सवाल?" धनोबा गरजे।

"नहीं सर!" सभी अधिकारी एक सुर में बोले।

मार्शल के कार्यालय से बाहर निकलने के दौरान ही अवस्थी ने उसकी पीठ थपथपाई। "वो शेर का बच्चा है। आपको आनंद की काबिलीयत का अंदाजा नहीं है। वो बेहद खतरनाक है, कमजोर नहीं।"

□

9

सेना का हिस्सा बनना

"यह सर्वविदित है कि विशेष योग्यता को प्रभावित करने के लिए सामान्य योग्यता के आभामंडल को बढ़ाया जाता है या फिर इसका बिल्कुल उलट किया जाता है।"

—अमरीकी मनोवैज्ञानिक-एडवर्ड थॉर्नडीक

'परिवेशी प्रभाव' एक ऐसी अवधारणा है, जिसका सशस्त्र बलों की नौकरी के साथ लेना-देना है। इसका मतलब उन छोटी परेशानियों से है, जो उन परिस्थितियों में उत्पन्न होती हैं, जहाँ पर लोगों को दूसरे लोगों का मूल्यांकन करना होता है। डेनी काहन्मेन ने इजरायली सशस्त्र बलों में होनेवाली भर्तियों के साक्षात्कारकर्ताओं के लिए ऐसे सवाल तैयार किए, जो इस परिवेशी प्रभाव को पीछे छोड़ देते हैं।

थॉर्नडीक ने कहा कि वे, "इस बात को लेकर पूरी तरह से आश्वस्त हो गए थे कि एक सक्षम फोरमैन, नियोक्ता, शिक्षक या विभागाध्यक्ष किसी एक व्यक्ति को अलग-अलग गुणोंवाली एक इकाई के रूप में देखने में असमर्थ होते हैं और दूसरों से उनकी तुलना किए बिना उनके लिए अलग-अलग श्रेणी आवंटित नहीं कर सकते हैं।"

इसलिए, अगर साक्षात्कर्ताओं ने किसी को उसके व्यक्तित्व के पैमाने पर 'स्मार्ट' और 'डैशिंग' के रूप में आँका है तो हो सकता है कि वे आगे चलकर उसकी शारीरिक बनावट को लेकर सकारात्मक राय दे सकते हैं। किसी व्यक्ति के एक पहलू का आकलन, दूसरे, असंबंधित पहलू के मूल्यांकन को भी काफी हद तक प्रभावित करता है।

आनंद को ऐसा लगा कि शायद इससे राजनेताओं को लेकर लोगों की राय पर भी फर्क पड़े, अगर लोग किसी एक कारण से एक राजनेता को 'पसंद' करते हैं तो इस बात की पूरी संभावना होती है कि वे उस राजनेता को अन्य मामलों पर 'तरजीह' दें, भले ही अन्य मानदंडों पर उस राजनेता का प्रदर्शन उतना अच्छा न रहा हो। बस यहीं पर विचारधारा की बात सामने आती है और प्रजानायक शायद इसीलिए बेहतर प्रदर्शन करते हैं, उन्हें यह बात अच्छे से पता होती है कि जनता के पूर्वाग्रहों का फायदा कैसे उठाया जाए।

वायुसेना के एक पायलट के रूप में, आनंद को इजरायली वायुसेना (आई.ए.एफ.) के साथ डैनी काहन्मेन का अनुभव शिक्षाप्रद लगा। डेनी ने इस बात पर गौर किया था कि आई.ए.एफ. के प्रशिक्षकों का मानना था कि 'छात्र' प्रशंसा की तुलना में आलोचना के प्रति अधिक बेहतर प्रतिक्रिया देते हैं। प्रशिक्षकों का मानना था कि आलोचना प्रशंसा की तुलना में अधिक उपयोगी थी।

माइकल लुईस ने 'द अनडूइंग प्रोजेक्ट' में लिखा है—

प्रशिक्षकों ने डेनी को विस्तार से बताया कि उन्हें सिर्फ यह देखने की आवश्यकता है कि जब उन्होंने बेहतरीन प्रदर्शन करने पर किसी पायलट की प्रशंसा की या फिर विशेष रूप से बुरा प्रदर्शन करने पर उसकी आलोचना की तो उसके बाद क्या हुआ? जिस भी पायलट की प्रशंसा की गई, उसने हमेशा अगली बार में बेहद बुरा प्रदर्शन किया, जबकि जिस भी पायलट की ओलाचना की गई, उसने हमेशा बेहतर प्रदर्शन किया। डेनी ने थोड़ी देर के लिए देखा और फिर उन्हें यह समझाया कि वास्तव में हो क्या रहा है, वो

पायलट जिसकी प्रशंसा की गई, क्योंकि उसने विमान को बेहतरीन तरीके से उड़ाया था, बिल्कुल उस पायलट की तरह, जिसे बेहद बुरी उड़ान के बाद दंड दिया गया था, दोनों ही सिर्फ मतलब के लिए बार-बार ऐसा कर रहे थे, अगर उनके शिक्षक ने उनसे कुछ न भी कहा होता तो भी वे अच्छा प्रदर्शन करने (या बुरा करने) का प्रयास ही करते। मन के एक भ्रम ने शिक्षकों को बरगलाया और शायद कई अन्यों को भी, यह सोचने के लिए कि उनके शब्द उस समय बेहद कम प्रभावी थे, जब वे खुशी प्रदान कर रहे थे, बनिस्बत उसके जब वे दर्द दे रहे थे। आँकड़े सिर्फ उबाऊ संख्या भर नहीं थे; उसमें वे विचार भी शामिल थे, जिन्होंने आपको मानव जीवन की गहरी सच्चाइयों को जानने की अनुमति प्रदान की। "चूँकि जब दूसरे बहुत अच्छा प्रदर्शन करते हैं तो हम उन्हें पुरस्कृत करते हैं और उनके बुरा प्रदर्शन करने पर हम उन्हें दंडित करते हैं और क्योंकि ये सब मतलब के लिए होता है," डेनी ने आगे लिखा, "यह मानव मस्तिष्क का ही एक हिस्सा है कि हम दूसरों को पुरस्कृत करने के लिए सांख्यिकीय रूप से दंडित किए जाते हैं और उन्हें दंडित करने पर पुरस्कृत।"

इसमें पायलटों के साथ-साथ अभिभावकों और स्कूल के शिक्षकों के लिए भी एक सबक है।

अनिश्चित या फिर संभाव्य घटनाओं को लेकर निर्णय करने और फैसले लेने के मामले में मनुष्य व्यवस्थित त्रुटियाँ करते हैं। मनुष्य पूर्वाग्रहों से ग्रस्त हैं और मनुष्य उत्परिवर्तन को नहीं समझते हैं। आनंद के लिए यह आकर्षक तो था, लेकिन साथ ही चिंताजनक भी। निर्णय लेनेवाले इस बारे में कोई फैसला कैसे कर सकते हैं कि संघर्ष की स्थिति में लड़ाकू विमानों का उपयोग कैसे करना है? भारत और पाकिस्तान का शीर्ष नेतृत्व विरोधी पक्ष की ओर से अकसर आनेवाले अपूर्ण संकेतों का मूल्यांकन और व्याख्या कैसे कर सकता है, वो भी युद्ध जैसी स्थिति में? कहीं ऐसा न हो कि हम अधिकांश लोगों, जिनमें हमारे नेता भी शामिल हैं, के पूर्वाग्रहों के चलते परमाणु युद्ध की ओर न अग्रसर हो जाएँ?

लोगों को कम-से-कम अपने दिमाग की खामियों के बारे में पता अवश्य होना चाहिए। द्वितीय विश्वयुद्ध के समय लंदनवासियों ने सोचा कि जर्मन बमों को निशाना बनाया गया था; जबकि वास्तव में ऐसा हुआ नहीं। सांख्यिकीविदों ने स्पष्ट किया कि कभी-कभार की जानेवाली बमबारी के चलते एक ही शहर के कुछ हिस्से बार-बार बमबारी की चपेट में आएँगे।

लोग यह तय करने में कितने अधिक सक्षम होंगे कि क्या कोई प्रत्याशी राजनीतिक पद के लिए चुना भी जाएगा या नहीं या फिर एक 12 साल का लड़का बड़ा होकर वैज्ञानिक बनेगा?

□

10

अच्छा बनाम बुरा

"बुराई अँधेरे से पैदा होती है, जबकि अच्छाई रोशनी में पैदा होती है। अकसर जब रोशनी नहीं होती है तो बुराई का जन्म होता है।"

वे ताबूतों को एक-एक करके बंद कर रहे थे। उन्हें उड़ान के लिए प्लास्टिक लगाकर सील कर दिया गया। मैं बिल्कुल वहीं पर मेडिकल अफसर के बिल्कुल पास में खड़ा था, जो मृत शरीरों की गिनती कर रहा था। उसका काम बेहद भयानक था और मेरे मन में उनके प्रति इज्जत और अधिक बढ़ गई। उनमें लगभग एक भी ताबूत में शरीर पूरा नहीं था। मुझे नहीं पता कि कल सुबह वो क्या था, जिसने मेरी आत्मा को मार दिया। यह सच्चाई कि जो मारे गए, उनकी आत्माएँ अपने प्रियजनों को रोते हुए देखकर या फिर यह जानते हुए कि उनके परिजनों पर यह जानते हुए क्या गुजरेगी कि वे किन परिस्थितियों में मारे गए, दुःखी होंगे? जैसे ही टीम ने सी-130 हरक्यूलिस कार्गो विमान में ताबूतों को लोड करना शुरू किया, विशालकाय प्रोपेलर की गड़गड़ाहट ने मुझे दुनिया से पूरी तरह से बेखबर कर दिया। मैंने दर्द को देखा है। बहुत नजदीक से, लेकिन यह बिल्कुल अलग था। यह घटना मेरी आत्मा पर एक व्यक्तिगत हमला था, मेरी आत्मा पर आघात था। मुझे लग रहा था कि मुझे इससे आगे बढ़ पाने में और इस बारे में भूलने में

पूरा जीवन लगेगा। सुबह में बरसात हो रही थी। विमान ने जल्द ही दिल्ली हवाई अड्डे के लिए उड़ान भरी। मैं उस बड़े उड़नेवाले दैत्य की ओर तब तक देखता रहा जब तक कि वो बादलों में कहीं गुम नहीं हो गया। उस एक क्षण ने मुझे मेरी माँ की रात की कहानियों की याद दिलवा दी। वे मुझे बताती थीं कि कैसे परियाँ सबसे अच्छे और प्यारे बच्चों को अपने साथ लेकर चली जाती थीं। मैं अकसर उनसे पूछता था कि आखिर परियाँ बच्चों को उनके माता-पिता से जुदा कैसे कर सकती हैं? इसके जवाब में वह कहती थीं—"यह दुनिया यहाँ पर मौजूद कुछ आत्माओं के लिए बहुत अच्छा है। परियाँ यह तय करती हैं कि उनके साथ कौन जाएगा।" उनकी कहानियों में, मुझे यह सोचकर सुकून मिलता था कि कोई ऐसा संवेदनशील और सर्वशक्तिमान है, जो ऊपर से हमपर नजर रखे हुए है। वो संवेदनशील शक्ति न्याय प्रदान कर सकती है। वो बच्चों और अच्छे लोगों को बुराइयों से बचाती है। मैं उस समय एक बच्चा था। "क्या छोटा जेन भी उन परियों के साथ चला गया है?" मैं अकसर उनसे पूछता था। वे मेरी तरफ ऐसी निगाहों से देखती थीं, जैसे मेरी बढ़ती हुई जिज्ञासा कोई उपहार नहीं, बल्कि उनके माथे पर उगनेवाला कोई काँटा है। "हाँ, क्लिंटन," हर बार उनका जवाब यही होता, अब जब मैं इतना बड़ा हो चुका हूँ कि दुनिया में फैले हुए दुःख को समझ सकता हूँ, मुझे यह बात मालूम है कि वो मेरे सवालों से परेशान नहीं होती थीं। वे परेशान होती थीं, क्योंकि मैं इसी सवाल को बार-बार दोहराता रहता था और अपनी माँ की आत्मा को उन बीते दिनों की दुःख भरी यादों में वापस लेकर चला जाता था, जब उन्होंने अपने सबसे छोटे बच्चे से हाथ धो दिया था, हालाँकि जवाब को जानते हुए भी उसी सवाल को दोहराना, मेरा खुद को शांत करने का एक तरीका था। आज, मैं यहाँ पर बिल्कुल असहाय खड़ा हूँ। मैं अपनी माँ को याद करता हूँ। मैं अपने छोटे भाई की कमी को महसूस करता हूँ। विमान के क्षितिज में गायब होते समय मैं यह सोच सकता हूँ कि वो एक परी है, लेकिन मुझे इस बात का आश्वासन कौन देगा कि शहीद हुए लोग सीधे स्वर्ग में ही पहुँचे हैं?

मेरे मस्तिष्क में उन्हें लेकर जो सबसे अधिक चिंताजनक सवाल उठ रहा है, उसे लेकर एक आश्वासनपूर्ण 'हाँ' कहनेवाला कोई भी मौजूद नहीं है। मैं उन्हें हर जगह नहीं तलाश सकता। मैं और अधिक नहीं लिख सकता। विचार बहुत अधिक भ्रामक और अपरिहार्य हैं। मैं अस्तित्व से जुड़े सभी महत्त्वपूर्ण सवालों के जवाब तलाशने और अधिक बेहतर समय पर वापस आऊँगा और उनके जवाब तलाशने के प्रयास करूँगा, तब तक मुझे मेरा काम पूरा करना है और मुझे न्याय करना है।

शुभरात्रि डायरी!

आपका प्रिय

—क्लिंटन जोसफ

जोसफ ने अपनी पुरानी डायरी बंद कर दी और प्रकृति की अगली सुबह के नजारों को देखने के लिए अपनी खिड़की के पास जाकर खड़े हो गए। हमले, खालिद के साथ हुए आमने-सामने को लेकर उनके मन में उठ रहे विचार और एक अनसुलझी पहेली उनके दिमाग को कुंद कर रही थी और समय उनके हाथों से रेत की तरह फिसल रहा था। वे शांत रहे और धूम्रपान करने के लिए बाहर निकल गए।

"खालिद ने बोलना शुरू किया था और यह बेहद दुर्लभ था। मेरे खयाल से यही मेरी जीत थी, बस उसी क्षण मैंने आत्मविश्वास पाया, वो बस एक कदम आगे था। क्या मैं अपनी सफलता के इतने अधिक नशे में था कि मैं उसकी ओर ध्यान नहीं दे पाया?"

उन्होंने पूछताछ की विफलता के लिए खुद को दोषी ठहराया, लेकिन भीतर कहीं, उनके एक हिस्से को खुद पर भरोसा था। उनके हृदय के एक छोटे से हिस्से ने उन्हें आश्वस्त किया कि वे बिल्कुल ठीक हैं और यह उनकी गलती नहीं थी। मनोवैज्ञानिक रूप से भी यह गलत नहीं था! एक असफलता

का सारा बोझ एक ही व्यक्ति पर डालने के अधिकांश नकारात्मक प्रभाव ही होते हैं और उस व्यक्ति का आत्मविश्वास भी डगमगा सकता है।

उन्होंने जैसे ही अपने हलके कदमों के साथ सुबह की ओस से नहाई हुई घास पर पाँव रखा तो एक ठंडा, सख्त चेहरा उनके सामने जीवंत हो उठा। जोसफ के भीतर एक अनजानी-सी चिंता पैदा हो रही थी। वो क्या है, जो मनुष्य को असाधारण बना देता है? कॅरियर को लेकर कुछ असाधारण विकल्प क्या हैं? लोग भौतिकी और अन्य विषयों में नोबेल पुरस्कार जीतते हैं। चिकित्सक जीवन को बचाते हैं। वैज्ञानिक प्रकृति के कामकाज करने के तरीकों की अंतर्दृष्टि को देखते हैं, एक ऐसा काम, जिसे बहुत कम लोग कर पाते हैं।

चाहे वो स्टीफन हॉकिंग हो या अल्बर्ट आइंस्टीन या रिचर्ड फेनमैन या फिर उनके जैसे अन्य लोग, आम लोगों के लिए उन प्रतिभाशाली लोगों के मस्तिष्क के काम करने के तरीके को समझ पाना लगभग असंभव ही है। हॉकिंग सिर्फ अपनी विशेष स्थिति के चलते ही मशहूर हैं—एक ऐसा व्यक्ति, जो लगभग बिल्कुल बेकार भौतिक शरीर के खाँचे में फँसा हुआ है, लेकिन जिसका मस्तिष्क समूचे ब्रह्मांड के चारों ओर घूमता था और जिसने ब्लैक होल जैसी रहस्यमय चीजों को समझने का प्रयास किया, जोसफ का दिमाग इन सभी विचारों से घिरा रहा और वे चहलकदमी करते रहे।

वे दिन में खालिद के साथ हुए अपने वार्त्तालाप के बारे में सोचते रहे। थोड़ी ही दूरी पर, एक बटेर घाटी में कहीं कर्कश आवाज में चिल्ला रही थी। जोसफ दो सवालों में बीच घिरे हुए थे। खालिद ने ऐसा क्यों कहा कि अल्लाह ने उसे धोखा दिया है? उसने अपनी जान क्यों दे दी? उस पूरे परिदृश्य में काफी कुछ अशांत करनेवाला था। जोसफ ने लॉन में बिछाए जानेवाली एक कुरसी खींची और उसपर लगभग गिर-से गए और उनका चेहरा लाल रंग के फूलों से भरी हुई घाटी की तरफ था। उनके फोन की घंटी बजने की आवाज से बगीचे की शांति टूट गई। जोसफ ने फोन पर दिख रहे नाम पर नजर डाली और उसे उठाने में हिचकिचाए। 'अभी सवाल-जवाब का मन नहीं है,' उन्होंने

सोचा। खालिद ने आत्महत्या कर ली और अब जोसफ को जाँच का सामना करना पड़ेगा। उन्होंने अनिच्छा से, फोन के हरे बटन को स्वाइप किया।

"क्लिंटन! मंत्रीजी अभी व्यस्त हैं। मैं उनका पी.ए. गोपेश्वर बोल रहा हूँ।" पी.ए. ने फोन पर बोलना जारी रखा, जबकि दूसरे छोर पर शांति छाई रही। "क्लिंटन, मंत्रीजी कल बंदीगृह में हुई घटना के बारे में आपसे बात करना चाहते हैं और आपको सचेत करने के लिए बता दूँ, वे इस घटना से खुश नहीं हैं।" गोपेश्वर बोले।

"क्यों?" जोसफ ने सिगरेट का कश लेते हुए बिल्कुल सपाट लहजे में कहा।

"पाकिस्तान की सरकार इस घटना को बेहद आक्रामक तरीके से हमारे सुरक्षा बलों की यातना के रूप में प्रचारित कर रही है। वे अंतरराष्ट्रीय समर्थन पाने का प्रयास कर रहे हैं और एमनेस्टी इंटरनेशनल के इस घटना को काफी गंभीरता से लेने की पूरी संभावना है।"

"लेकिन इस घटना से संबंधित प्रत्येक व्यक्ति अच्छे से यह बात जानता है, वो व्यक्ति बहुत शातिर था! ठीक है न? भारतीय बलों ने हाल ही में एक बड़े हमले का सामना किया है? नौकरशाहों की बात का कभी बुरा नहीं मानना चाहिए। मैं सीधे मंत्रीजी को ही जवाब दूँगा।" जोसफ ने सपाट, लेकिन दृढ़ता भरी आवाज में कहा।

"ठीक है।" गोपेश्वर बोले।

क्लिंटन ने अपने मोबाइल फोन को वापस अपनी जेब में डाल लिया। 'दत्ता को भी इस जाँच में फँसाया जाएगा!' और उनका मस्तिष्क उलझन की इस आँधी का सामना कर ही रहा था कि तभी उन्हें अचानक कागज के उस टुकड़े की याद आई, जो हमेशा से उनके पास मौजूद था।

'उत्तर की ओर 34 कदम, पूर्व की ओर 73 कदम और हमारे 1,24,000 पैगंबर खुदा को सलाम करने के लिए खड़े हैं…' वे खुद से ही बड़बड़ाए।

क्लिंटन को सहज बोध भगवान् से तोहफे के रूप मे मिला था। वो उस क्षण सभी चीजों को आपस में जोड़ नहीं पा रहे थे, हालाँकि खालिद के सायनाइड खा लेने और एन.आई.ए. द्वारा बरामद किए गए इस बयान के चलते जोसफ का मस्तिष्क कुछ बेहद संदिग्ध को सूँघ पा रहा था। 'कुछ बहुत बड़ा और बेहद विनाशकारी पक रहा है।' उन्होंने सोचा।

"सर," तभी उन्हें एक आवाज सुनाई दी, "सर, लीना नाम की महिला आपसे मिलने आई है।" पॉवेल ने क्लिंटन से कहा।

जोसफ ने राहत की साँस ली, उन्हें थोड़ी शांति और खुशी मिली, क्योंकि अब उनके पास कोई भरोसेमंद था, कोई ऐसा जिसपर वे पूर्व में भी भरोसा करते आए हैं। उन्होंने अपने हाव-भाव को बदले बिना पॉवेलजी से उन्हें बैठाने और चाय तैयार करने के लिए कहा। जोसफ बड़े-बड़े कदमों से आगे बढ़े और कुछ ही क्षणों में उन्होंने लीना को ड्राइंगरूम में एक काले रंग के बड़े से सोफे के बराबर में खड़े हुए पाया। वो उम्र के तीसरे दशक में चल रही एक आकर्षक महिला थीं और काले रंग का चश्मा उनके चेहरे के ऊपरी भाग पर बहुत फबता था और उनके पतले होंठ और उनके गाल पर एक हलका सा निशान जोसफ को उन्हें आसानी से पहचानने में मददगार साबित होता था। उन दोनों ने मुसकराहट के साथ एक-दूसरे का अभिवादन किया और लीना उनकी मदद करके बहुत खुश थीं।

"कृपया, खुद को सहज महसूस करें।" जोसफ ने उनके मुलायम हाथों को मिलाते हुए कहा।

"काफी लंबे समय बाद मिल रहे हैं, सर!" उन्होंने मुसकराते हुए कहा और उनके झक सफेद दाँत दिखाई देने लगे। क्लिंटन एक हलकी सी हँसी हँसते हुए कुछ फुसफुसाए, जिसने उनकी मनोदशा को लीना के सामने खोलकर रख दिया।

"मुझे लगता है कि आप अब तक परिस्थितियों से पूरी तरह से वाकिफ हो चुकी होंगी?" उन्होंने पूछा।

उसने हलके से अपना सिर हिलाया, "और खालिद वाली घटना। मुझे लगता है कि वो ऐसे नहीं हो पाई, जैसा आप चाहते थे।"

"तुम्हें तो सबकुछ पता है, लीना का पुराना स्टाइल," और उन्होंने एक हलकी सी बॉसवाली मुसकराहट दी, हालाँकि लीना एक समझदार महिला थीं। वे अपने पूर्व बॉस के सोचने की कबिलियत से बहुत अच्छे से वाकिफ थीं और इसीलिए, वे दोनों एक टीम के रूप में बहुत अच्छा काम करते थे।

"मेरे पास आपके लिए एक काम है। ठीक है?" जोसफ ने उनकी प्रतिक्रिया का इंतजार किए बिना कहा और अपने उलटे हाथ में पहनी हुई अँगूठी के साथ खेलते रहे। "मेरे पास एक गोपनीय बयान है। मैं चाहता हूँ कि आप उसपर काम करें," और उन्होंने वो काला पाउच उन्हें सौंप दिया। वे थोड़ा सा आगे बढ़ीं और उस पाउच को पकड़ने के लिए सोफे पर जरा सा झुकीं। लीना की एक आदत यह थी कि वे तब तक खुद से कोई सवाल नहीं पूछती थीं, जब तक कि सामनेवाला ऐसा करने को न कहे। "मैं चाहता हूँ कि तुम उसमें मौजूद चिट के रहस्य को सुलझाओ। उसमें शायद सांकेतिक शब्दों में कुछ लिखा हुआ है। आमतौर पर, मुझे उन्हें सुलझाना पसंद है, पहेलियों को।" क्लिंटन ने अपने पैकेट से एक और सिगरेट को सुलगाते हुए कहा। लाइटर की लौ उनकी आँखों में चमक उठी। उन्होंने लीना को भी एक सिगरेट की पेशकश की, जिसे उन्होंने प्रसन्नता से स्वीकार कर लिया। उनकी उड़ान बेहद लंबी और थका देनेवाली थी। उन्होंने अपनी सिगरेट सुलगाई, पीछे की ओर झुकीं और सुनने लगीं।

"एन.आई.ए. द्वारा इसे 2013 में कैद में रखे गए एक व्यक्ति से बरामद किया गया था। सबसे आश्चर्यजनक बात यह है कि उसने भी अपने पास मौजूद उन गोलियों में से एक को निगलकर आत्महत्या कर ली थी।" वे जारी रहे, "और अगर कल की ही बात करें तो खालिद के साथ भी बिल्कुल ऐसा ही हुआ। यह मेरे लिए बेहद गंभीरता से विचार करने लायक एक संयोग है। मुझे लगता है कि कुछ बहुत गंभीर और बड़ा पक रहा है।" उन्होंने अपनी

बात पूरी की और तंबाकू के धुएँ का एक बड़ा सा बादल उनकी नाक से बह निकला।

"आप चाहते हैं कि मैं इस गुप्त लेख का मतलब निकालूँ?"

"हाँ।" वे बोले।

पॉवेल ने उन दोनों के सामने चाय परोसी और चला गया और वे दोनों चुपचाप बैठे रहे, हालाँकि वो एक अजीब सी खामोशी नहीं थी। वे दोनों मानसिक रूप से समस्याओं को हल करना और प्रतिस्पर्धा करना पसंद करते थे। पहेलियों को सुलझाना उन्हें जोश से भर देता था और उनके व्यावसायिक संबंधों को समकालीन बनाता था। "आपका कमरा वहाँ पर है। पूरी तरह से तैयार रहें, यह मकान अब अगले कुछ दिनों के लिए आपका घर होने जा रहा है। आप इस गुप्त संदेश को तोड़ने पर काम करें और मैं मंत्रालय को सँभालूँगा। उन्हें जवाब में कुछ-न-कुछ चाहिए होगा।" उन्होंने चाय के अपने कप को घूरते हुए कहा, "मैं अपना काम बिल्कुल अभी से ही शुरू कर देती हूँ, बॉस," वे अपने शानदार चश्मे को सँभालते हुए बोलीं। '34, 75, 1,24,000···लगता है यह कोई श्रृंखला है? कोई पासवर्ड? कोई संदेश?' लीना का मस्तिष्क उस गुप्त संदेश पर काम करने लगा और क्लिंटन अपने फोन पर व्यस्त हो गए।

□

11

बलि का बकरा

"अगर कोई मेमना कसाई से बच जाता है तो वो सिर्फ अपनी मौत के समय को आगे बढ़ाता है, उससे बच नहीं सकता।"

डॉली-3 के कैंपस की ऊँची दीवारें काले रंग की एस.यू.वी. का रास्ता रोकती हैं, वो भी मुख्य द्वार से सिर्फ कुछ ही गज की दूरी पर। उसके सामने के दरवाजे झटके से पूरे खुलते हैं और लीना और क्लिंटन उसमें से निकलकर बाहर आते हैं। लीना एक तेज आवाजवाले अलार्म के साथ गाड़ी को की-लॉक करती हैं और दोनों प्रवेश की ओर आगे बढ़ जाते हैं। ग्रे रंग का मजबूत दरवाजा पेड़ों के झुरमुट में देखा नहीं जा सकता था और एक ही क्षण में, वे दोनों उस इमारत के भीतर बिल्कुल सुरक्षित पहुँच गए थे, क्योंकि एक अधिकारी उनकी अगवानी करने आ पहुँचा था।

"आप यह सोच रही होंगी कि मैं आपको अपने साथ यहाँ पर क्यों लेकर आया हूँ।" क्लिंटन लीना से बोले। उनकी आँखें भारी सुरक्षा से चाक-चौबंद उस इमारत के हर हिस्से का जायजा ले रही थीं और उन्होंने अपने चेहरे पर बिना कोई प्रत्यक्ष भाव लाए उन्हें बोलने दिया। "मुझे इस बात का पूरा भरोसा है कि आपके पास खालिद के साथ हुई मेरी सारी बातचीत की नकल मौजूद होगी ?" जिसका जवाब लीना ने स्वीकृति में सिर हिलाकर दिया।

"इस पूरे साक्षात्कार में कुछ ऐसा है, जो काफी उलझा हुआ है। मैं सिर्फ उसे पकड़ नहीं पा रहा हूँ। आप उस गुप्त भाषावाले कागज पर काम जारी रखें, जो मैंने आपको दिया है, मैं चाहता हूँ कि आप उसकी तह तक पहुँचें।" क्लिंटन बोले और वे दोनों दत्ता के कार्यालय की ओर बढ़ते रहे।

"आपका मन क्या कहता है, सर?" लीना ने पूछा।

"खालिद का अपनी जान ले लेना, ऐसी दूसरी घटना है। मुझे यह तो पता है कि कहीं-न-कहीं कुछ तो गड़बड़ है, लेकिन यह नहीं पता कि वो कहाँ है!" वे बोले और वे दोनों दत्ता के दफ्तर के बाहर पहुँच गए।

हमेशा की तरह उनका स्वागत करते हुए मेजर दत्ता ने उनका अभिवादन किया और उन्हें अपने कार्यालय के भीतर ले गए। कार्यालय में थोड़ी ठंडक थी, लेकिन वहाँ मौजूद हीटर थोड़ी गरमाई का अहसास करवा रहा था। "चाय या कॉफी, सज्जनो?" दत्ता ने पूछा।

"मैं ठीक हूँ, धन्यवाद।" जोसफ ने अपनी दाहिनी तर्जनी और अँगूठे से अपनी ठोढ़ी को दबाते हुए कहा।

"मेरे लिए एक कप कॉफी ठीक रहेगी, धन्यवाद।" लीना अपने लैपटॉप की स्क्रीन को खोलते हुए बोलीं।

"बिल्कुल," दत्ता अपनी मेज पर रखी घंटी को दबाते हुए बोले। उनके सहायक राम बावा इजाजत लेकर भीतर दाखिल हुए। "कृपया दो कॉफी ले आएँ, शुक्रिया।" दत्ता ने उन्हें आदेश दिया। बावा अपने कदमों को पीछे की ओर खींचते हुए आगे की ओर झुका और पता नहीं क्यों क्लिंटन बिना किसी वजह के मुड़े और उन्होंने इस बात पर ध्यान दिया। वे उसका चेहरा देख सकते थे। उनके मन में सिर्फ एक ऐसे सहायक की तसवीर तैर गई, जो कर्मचारियों की कमी के चलते अब अधिकारियों की सेवा कर रहा था।

"मुझे तुम्हारे यहाँ आने की पूरी उम्मीद थी, क्लिंटन!" दत्ता ने चुप्पी को

तोड़ा। "मुझे लगता है कि आप एक पूरी टीम के साथ काम कर रहे हैं।" वे बोले और उन्होंने पूरा परिचय जानने के इरादे के साथ लीना की तरफ इशारा किया।

"ये मेरी पुरानी सहयोगी लीना है रॉ से हैं। हमें इस परेशानी से निकालने के लिए मुंबई से यहाँ आई हैं।" क्लिंटन ने मेज पर रखे काँच के पेपरवेट को घुमाते हुए कहा।

"बहुत अच्छे। आपको हमारा पूरा सहयोग मिलेगा। आपको जैसे ठीक लगे, आप वैसे आगे बढ़ सकते हैं।" दत्ता ने उन्हें अपनी जाँच जारी रखने की अनुमति प्रदान की।

"ठीक है। आप कहाँ से शुरू करना चाहेंगी, लीना ?" क्लिंटन ने पूछा।

"हमें सबसे पहले खालिद के करीबी कैदियों से बात करनी चाहिए, शायद मेजर दत्ता हमें उनकी सूची उपलब्ध करवा सकते हैं।" वे बोलीं।

"यह कोई सूची नहीं होगी। कोठरियों में बंद कैदियों में से ऐसे सिर्फ चुनिंदा हैं, जो खालिद के करीबी थे। वे आपकी मदद कर सकते हैं!"

"निश्चित ही।" उन्होंने सहमति में सिर हिला दिया।

इसके बाद वे तीनों एक लिफ्ट की मदद से जमीन के नीचे दो मंजिल उतरकर आ गए। "तुम हम सबको अंदर ही मार डालोगे।" क्लिंटन के लिफ्ट के भीतर एक और सिगरेट सुलगाते ही मेजर दत्ता ने उनके साथ मजाक किया। लीना ने उस संक्षिप्त से वार्त्तालाप की ओर ध्यान नहीं दिया। वे अपने आप में ही, अपने दिमाग में व्यस्त थीं, उन्होंने अपने बचपन से ही इतनी सुरक्षित जगह नहीं देखी थी। लीना बचपन से ही बेहद उद्दंड थीं। वे कॉलेज के अपने साथियों के साथ भयंकर झगड़े कर लेती थीं। एक बार तो उन्होंने झूठा नाम लगाने पर एक लड़की के चेहरे को ही नोच लिया था। अपने परिवार का नाम आने पर वे अकसर आपे से बाहर हो जाती थीं और उनके लिए वो दौर काफी परेशानी भरा था। लीना की माँ किसी अनजाने आदमी के साथ गायब हो गईं। वे जब सिर्फ चौदह साल की थीं तो उनके पिता ने

खुद को गोली मारकर आत्महत्या कर ली। नशा, पुरुषमित्र, लापरवाह रवैया और खुद का नुकसान करनेवाला व्यवहार इस हद से अधिक सुंदर और सरल महिला की पहचान बन गया था। लिफ्ट की छोटी सी यात्रा ने गौरव के कड़वे अतीत को एक बार फिर जीवंत कर दिया। कुछ अनजान कारणों के चलते, लीना ने खुद को एक बार फिर उन्हीं विचारों से घिरा पाया। लिफ्ट जाकर फर्श से टकराई और तेज आवाज के साथ रुक गई। दत्ता उन दोनों की अगुआई कर उन्हें रोशनीवाले एक कमरे की ओर ले जाते हैं, जहाँ दो अधिकारी मौजूद थे।

"ये हैं कैप्टन माहिम," दत्ता बोले और उन दोनों अधिकारियों ने सलाम ठोका। क्लिंटन ने अपनी तीक्ष्ण नजरों से उनका जायजा लिया और सहमति में गरदन हिला दी।

कमरे के बिल्कुल सामने एक बहुत बड़ी सी स्क्रीन लगी थी। उस स्क्रीन के बाईं ओर वाली दीवार पर बने एक स्लैब पर कुछ कंप्यूटर सिस्टम, संचार से संबंधित उपकरण और गैर-मारक हथियार रखे हुए थे।

"आपको घातक हथियार इस्तेमाल करना पसंद नहीं है, हुँह ?" जोसफ ने आलोचना के अपने चिर-परिचित अंदाज में पूछा।

"जरा इस बात की कल्पना कीजिए कि अगर उनमें से कोई भी अपना आपा खो बैठे तो घातक क्या करेगा!" मेजर दत्ता ने भी अपनी ओर से एक करारा जवाब दिया, जिसके बाद क्लिंटन बोले, "आपकी व्यवस्था में पूरा भरोसा है ?" और उन्होंने अपना माथा जरा सा ऊपर उठाया। मेजर दत्ता को उनकी यह टिप्पणी इतनी अधिक पसंद नहीं आई, लेकिन उन्होंने इसपर ध्यान न देने का फैसला किया। लीना इतनी चतुर तो थीं कि वो इन दोनों के बीच के अदृश्य तनाव को महसूस कर सकती थीं, हालाँकि उन दोनों ने ही उनके कथन को नजरअंदाज कर दिया।

"मैं एक बार खालिद की कोठरी को देखना पसंद करूँगी। मुझे लगता है कि वो अभी भी खाली ही होगी।" लीना बोलीं।

दत्ता ने स्वीकृति में सिर्फ अपना सिर हिला दिया। उन्होंने एक छोटे से लॉकर से एक इलेक्ट्रॉनिक चाबी निकाली और वापस लौटे, "कई कैदी अभी भी यह नहीं जानते कि खालिद के साथ क्या हुआ। यह घटना बिल्कुल अकेले में हुई। ऐसी अफवाह फैली हुई है कि या तो वो फरार हो गया है या फिर उसे यहाँ से कहीं और स्थानांतरित कर दिया गया है।" उन्होंने चाबी को पलटकर खोल दिया और उन दोनों को भीतर आने का इशारा किया। कैप्टन माहिम भी उनके पीछे हो लिये। उनके भीतर आने के दौरान, दत्ता ने उनसे कहा कि वे इस अफवाह को उड़ने दें, ताकि पूछताछ के नतीजे बेहतर आ सकें। "माहिम उस कैदी को पूछताछ कक्ष में ले आएगा, जिसे बुलाने का आपने फैसला किया है।" वे बोले।

उस समूह ने एक खुले हुए दालान में चलना शुरू किया, जिसके मुहाने पर अँधेरी कोठरियाँ बनी हुई थीं, जो धातु के दरवाजों से सील हो रही थीं। प्रत्येक कोठरी की पंक्ति पर एक जेल प्रहरी तैनात था। उस पूरे दालान में कुल मिलाकर नौ सुरक्षाकर्मी तैनात थे और उनमें से प्रत्येक अगले गार्ड से 20 गज की दूरी पर खड़ा था। माहिम और दत्ता ग्रे रंग के एक धातु के दरवाजे के बाहर खड़े हो गए। वो दरवाजा बाकी की कोठरियों के दरवाजे से अधिक दूर था। वहाँ पर सीधे हाथ की ओर एक स्क्रीन लगी हुई थी, जो खड़े होने पर आँखों के स्तर पर थी। दत्ता ने चाबी माहिम को सौंपी और उन्होंने उसे दरवाजे के दाईं ओर की दीवार के नीचे स्थित इलेक्ट्रॉनिक डिटेक्टर के सामने रखा। बजर बजा, लेकिन दरवाजा, फिर भी नहीं खुला। इसके बाद माहिम ने अपने हाथों से दरवाजे को खोलने के लिए चाबी के धातु के ब्लेड का इस्तेमाल किया।

वो अँधेरा और गंदा था। वहाँ की दीवारों से एक जानी-पहचानी, लेकिन पहचानी न जा सकनेवाली बदबू आ रही थी, हालाँकि कमरे में रोशनी होते ही लीना थोड़ी अशांत-सी हो गईं। सुरक्षा के लिहाज से, उस शक्तिशाली बल्ब को छत पर काफी ऊँचाई पर टाँगा गया था, ताकि उसे कैदियों के बुरे इरादों से दूर रखा जा सके। रात के समय कैदियों के लिए अधिकतम दो घंटे रोशनी

का प्रावधान था। यह सुविधा मानवाधिकार समिति को खुश करने के लिए नहीं, बल्कि उन्हें पागल होने से बचाने के लिए थी।

लीना ने अपनी उँगलियों को कोमलता के साथ उन खूँखार दीवारों पर रखा, धीरे-धीरे अपने कदम आगे बढ़ाए और तहखाने की दीवारों के साथ आगे चलना शुरू कर दिया। उन दीवारों पर बहुत बुरी चित्रकारी की गई थी। उनपर उर्दू में कुछ शब्द और संख्याएँ लिखी हुई थीं, लेकिन यह सब पूरी तरह से बेतरतीब था।

"उसने इन्हें कैसे बनाया," क्लिंटन ने पूछा।

"अपने नाखूनों से," माहिम ने जवाब दिया। "वो हर रात दीवारों को खुरचना शुरू कर देता था और बाकी के कैदी शिकायत करते थे, लेकिन उसपर कोई रोक नहीं थी।"

अब हर कोई उन दीवारों को बेहद करीब से और बारीकी से देखने लगा, जैसे कि वो किसी सर्कस का कोई अजूबा हों। प्रवेश द्वार की दाहिनी दीवार पर एक चित्र बना हुआ था, जिसने हर किसी का ध्यान अपनी ओर खींचा।

उस प्लास्टर की हुई दीवार में आधे कपड़े पहने हुए एक महिला की कामुक आकृति बनी हुई थी। उसकी लोच उस मूर्ति के एक प्रकार से जीवित होने का अहसास करवा रही थी और ऐसा लगता था कि उसकी आँखें सीधे आत्मा के भीतर झाँक रही हों। साथ ही उसे अच्छे से आभूषणों से भी सजाया गया था। उस तसवीर की नाभि पर उकेरकर लीबा शब्द लिखा गया था।

"वो निश्चित ही रूमानी व्यक्ति था, हुँह!" क्लिंटन ने कमरे में फैली एक अजीब सी खामोशी को तोड़ने के लिए मजाक किया। लीना ने सरसरी-सी निगाह से उनकी तरफ देखा, जबकि दत्ता और माहिम दीवारों का निरीक्षण करने में व्यस्त रहे। "लीबा, इसका क्या मतलब हो सकता है?" क्लिंटन ने अचानक ही समूह के सामने सवाल उछाल दिया।

"शायद खालिद की पत्नी, प्रेमिका, खोया हुआ प्रेम! और भी कई संभावनाएँ हैं।" उस सुंदर तसवीर को बारीकी से निहारते हुए दत्ता ने जवाब दिया।

"तो लीबा उसकी प्रेमिका हो सकती है?" माहिम ने अपनी बात का समर्थन पाने के इरादे से जिज्ञासावश पूछा।

"हो सकता है, लेकिन मुझे तो यह कुछ और ही लग रहा है।" लीना बोलीं।

दत्ता और क्लिंटन उनकी ओर मुड़े; उनके हाथ जुड़े हुए थे। "मुझे लगता है कि जो लोग रौ में बहकर अपने प्रियजनों की तसवीर बनाते हैं, जिसे आप पागलपन कहते हैं, शायद ही कभी बारीकियों पर इतना अधिक ध्यान देते हैं। उनके लिए आत्म अभिव्यक्ति अधिक मायने रखती है, बजाय उस आकृति के जो उन्होंने बनाई है, जबकि यह चित्र जुनून, गुस्से और भक्ति से भरा प्रतीत हो रहा है। आपने बताया कि उन्होंने इसे अपने नाखूनों से बनाया है," वे माहिम की तरफ मुखातिब हुईं। उसने स्वीकृति में गरदन हिला दी। "इस तसवीर का और किसी अन्य चीज के बजाय धार्मिक आस्था से अधिक मतलब है।" वे बोलीं।

कुछ क्षण के लिए बिल्कुल सन्नाटा छा गया और उस कोठरी में मौजूद प्रत्येक व्यक्ति एक-दूसरे के विचारों तक को सुन सकता था। "अब कुछ 'दोस्तों' से बात करने का समय है!" क्लिंटन ने एक तेज ताली बजाते हुए कहा, जिसकी आवाज उस कोठरी में गूँज उठी और वे उस तहखाने से बाहर निकल आए।

वो एक प्रसिद्ध पूछताछ कक्ष था और वहाँ पड़ी चरमराती हुई लकड़ी की एक भूरी कुरसी ने जोसफ का ध्यान अपनी ओर आकर्षित किया। माहिम ने उस कुरसी के बगल में एक और कुरसी डलवा ली, जिसपर क्लिंटन जोसफ पिछली बार बैठे थे। "अब कार्यभार मेजर माहिम सँभालेंगे, सज्जनो!

जो आवश्यक होगा, अब वे करेंगे।" मेजर दत्ता ने इतना बोलते हुए पूछताछ करनेवाले दोनों लोगों के साथ हाथ मिलाया।

"आपके सहयोग के लिए धन्यवाद।" लीना ने जवाब दिया।

"निश्चित," दत्ता बोले और उनके पैर खुद-ब-खुद लिफ्टवाले गलियारे की ओर आगे बढ़ गए।

वे दोनों कुरसियों पर बैठ गए और माहिम पूछताछ शुरू करने के लिए कमरे से बाहर चले गए। लीना ने अपने मेमो खोलने शुरू कर दिए और क्लिंटन अनमने ढंग से टकटकी लगाकर दरवाजे की ओर देखने लगे। लीना ने अपनी आँखों को घुमाकर उनकी ओर देखा।

"क्या आपको लगता है कि यहाँ पर खालिद के साथी मौजूद होंगे?"

क्लिंटन ने एक गहरी साँस ली और सहमति में अपनी गरदन हिलाते हुए बोले, "इस बात की पूरी संभावना है।"

छह घंटे लंबी पूछताछ के बाद भी दोनों के हाथ कुछ नया नहीं लगा। खालिद सिर्फ चुनिंदा कैदियों से ही बात करता था। उनमें से एक ने उसके कविवाले व्यक्तित्व के बारे में बताया, जबकि दूसरे ने उसकी खान-पान की आदतों के बारे में। जाँचकर्ताओं ने अपने प्रयासों को व्यर्थ जाने के बावजूद काम जारी रखा, हालाँकि क्लिंटन के कहने पर उन दोनों ने जेल में बंद खालिद के संभावित शत्रुओं से पूछताछ करनी प्रारंभ की।

यह तरीका उनकी उम्मीदों से कहीं अधिक सफल होता दिखाई दिया। एक कैदी ने काम की बातें बताईं। कभी खालिद के दोस्त रहे इस दुश्मन ने बताया कि खालिद 'अकसर उन लोगों के खिलाफ अल्लाह के बदला लेने की बात करता था, जो अपवित्र काम करते हैं और इस बारे में भी कि कैसे दुश्मन को कुचलने के लिए पैगंबर की एक सेना तैयार की जा रही है।' और जाँचकर्ताओं ने बड़ी आसानी से उसकी इस कहानी पर भरोसा कर लिया, क्योंकि खालिद ने उस जरिए को 'मार' दिया, जो उसे ड्रग्स उपलब्ध करवाता था।

"वो जरिया कौन था?" लीना ने उसकी आँखों में आँख डालकर पूछा।

"वो यहाँ के कर्मचारियों में से ही एक था।" उसने जवाब दिया।

"तुम कह रहे हो कि उसे मार दिया गया?" लीना ने पूछा।

"हाँ। कुछ महीने पहले ही। मैं उसके बाद से ठीक से सो नहीं पाया हूँ। वो मेरे लिए हर हफ्ते पूरा माल लाता था।"

"वो तुम्हारे लिए क्या लाता था?" लीना ने उसकी तरफ और कठोरता से घूरते हुए पूछा।

एक पल के लिए सन्नाटा छा गया। सामनेवाला व्यक्ति बोला, "अफीम…"

"उसने ऐसा क्यों किया?" क्लिंटन ने पूछा।

"वो मेरे एहसान के तले दबा हुआ था। एक दिन कैदियों ने पीट-पीटकर उसकी जान ही ले ली होती। मैंने उसकी जान बचाई। वो तब से मेरा बहुत अहसान मानता था।" उस कैदी ने कहा।

वक्त के साथ आनंद के भीतर का दर्द बढ़ता गया। वो दर्द न तो उसे जीने दे रहा था और न ही उस दर्द के चलते वो सो पाता था। आनंद को ऐसा लगता था, जैसे दर्द उसकी सोचने की क्षमता को नष्ट कर देगा और यह वो जीत हो सकती थी, जिसकी उम्मीद उसके दुश्मन पाले बैठे थे। आनंद ने अपने जीवन के कुछ सुनहरे और रंगीन क्षणों को याद करने का प्रयास किया और वास्तव में वे उन क्षणों को याद करने लगे, जिनके बारे में उनका मानना था कि वे दर्द से उनका ध्यान भटका सकते हैं और उनके मस्तिष्क को नकारात्मक विचारों से दूर रख सकते हैं।

आनंद और नंदिनी यथार्थवादी थे और सपनों की दुनिया में खोए नहीं रहते थे। दोनों के पास करने के लिए काम थे। दोनों वायुसेना की अपनी जिम्मेदारियों के निर्वहन में व्यस्त रहते थे। उनका वैवाहिक जीवन बिना किसी विवाद या परेशानी के चल रहा था और जल्द ही वे एक लड़के और एक

लड़की के माता-पिता बन गए। नंदिनी ने वायुसेना की सेवा के न्यूनतम 15 वर्ष की अवधि के पूर्ण होने पर नौकरी छोड़ देने का कठिन फैसला किया।

उन्होंने नंदिनी के वायुसेना से सेवानिवृत्त होने के बाद उत्तर में छुट्टियाँ बिताने की योजना बनाई। वे हिमालय की वादियों में बसे गढ़वाल के छोटे से शहर मुक्तेश्वर में छुट्टियाँ बिताने पहुँचे। वहाँ पहुँचने के लिए आपको पहले नैनीताल के मशहूर हिल स्टेशन को और फिर उसके बाद पहाड़ों के बीच में स्थित घुमावदार रास्तों से गुज़रकर जाना पड़ता है। आप सातल और भीमताल को पार करके मुक्तेश्वर पहुँचते हैं।

वो सात दिनों की एक सुकून पहुँचानेवाली छुट्टियाँ थीं। उन्होंने वहाँ के एक छोटे से होटल में कमरा बुक किया। समुद्र तल से 7,000 फीट की ऊँचाई पर पानी की बेहद कमी थी, हालाँकि वहाँ पर कई झील मौजूद थीं, जिनके चलते ही उस स्थान के नाम के साथ 'ताल' लगा हुआ था।

उन्होंने अपने मस्तिष्क को फ्लाइंग रोस्टर और बाकी की पेशेवर जानकारियों से मुक्त किया और कुछ दिनों के लिए आराम किया। वे बिना किसी मंजिल के खड़ी सड़कों पर चले जाते थे या फिर सड़क के किनारे पर बैठे रहते थे। रात के समय, आसमान में चमकनेवाले अनगिनत सितारे अविश्वसनीय रूप से चमकदार थे और यह नजारा शहरों में रहनेवालों के लिए बिल्कुल अजूबा-सा था।

उन्होंने रैंडी पॉश की 'द लास्ट लेक्चर' को याद किया। एक और जीवन और पेशे की कहानी, जो शीर्ष पर पहुँचकर खिलने से पहले ही छोटी हो गई। उन्हें डॉ. पॉश का वो सकारात्मक रवैया याद आ गया, जो वे अपने साक्षात्कारों में दिखाते थे। हो सकता है कि वो एक छलावा हो। कैमरों के लिए किया जानेवाला 'अभिनय'? डॉ. पॉश का अपनी आसन्न मृत्यु के बारे में क्या कहना था, जिससे बचने की कोई उम्मीद नहीं थी? आनंद को अधिक याद नहीं रहा और उन्होंने मन-ही-मन उस वीडियो को बाद में देखने के लिए याद करने को कहा, अगर उन पहाड़ों में इंटरनेट की सुविधा उपलब्ध

होती तो उन्होंने वहाँ पर उसी समय उस वीडियो को देख लिया होता, लेकिन दुर्भाग्यवश वो सब भविष्य में होना था।

"क्या तुम्हें डॉ. रैंडी पॉश और 'द लास्ट लेक्चर' नामक उनकी पुस्तक और वीडियो याद है?" आनंद ने पूछा।

"कौन? हाँ···" नंदिनी ने जवाब दिया। वे बच्चों को खाना खाते हुए देख रही थीं। रोटियों या चपातियों जैसा रोजमर्रा का उत्तर भारतीय खाना अभी भी बच्चों के लिए बिल्कुल नया था। बच्चों को बटर चिकन के साथ नान खाना बेहद पसंद आया। आनंद और नंदिनी में से कोई भी सपने में भी एक अच्छा खानसामा नहीं था।

"क्या तुम्हें याद है कि उन्होंने मौत के सुनिश्चित समय का सामना करने के बावजूद कैमरों के सामने इस तरह के सकारात्मक स्वभाव को कैसे बनाए रखा?"

"हम्मम···, निश्चित ही, उनकी हिम्मत की दाद देनी होगी।" उन्होंने कुछ क्षणों तक सोचने के बाद जवाब दिया।

"मैं डॉ. पॉश या फिर डॉ. कलानिथि की जगह होता तो कीमोथैरेपी जैसे नरक को भोगने के बजाय अब तक अपने सिर में गोली मारकर अपनी जान दे चुका होता।"

उन्होंने एक क्षण के लिए उनकी तरफ देखा और फिर बोलीं, "गेब्बी गिफोर्ड इससे सकुशल बच निकले थे।"

आनंद चुप रहे। दोनों एरिजोना में हुई गोलीबारी की घटना के बारे में बात करने लगे, जो उस समय खबरों में छाई हुई थी।

यह आनंद की खुशकिस्मती थी कि वे एक ऐसे समय में जी रहे थे, जब युद्ध बेहद दुर्लभ थे और भारत के युद्ध तो कभी भी वैसे पूर्ण युद्ध नहीं होते थे, जैसे यूरोपीय देश आपस में करते रहते थे। हो सकता है कि अगर आनंद इस बात को लेकर निश्चिंत होते कि वे 30 साल की आयु के होने तक

युद्ध में मारे जाएँगे तो वे वायुसेना में शामिल होने के फैसले पर पुनर्विचार करते। हो सकता है कि उन्होंने शायद आई.ए.एफ. में न शामिल होने का फैसला किया होता और उन्होंने अपने उस निर्णय को एक व्यावहारिक और सोच-समझकर लिया गया फैसला माना होता। वे बहुत जल्द मरने के लिए वायुसेना के एक पायलट नही बने थे; वे वायुसेना में सिर्फ इसलिए शामिल हुए थे, क्योंकि यह शानदार और चुनौतीपूर्ण कॅरियर था, जो उनके जुनूनों के साथ मिलता-जुलता था।

आनंद ने एक बार को तो किसी एयरलाइंस में पेशेवर पायलट के कॅरियर पर भी विचार किया, लेकिन पायलट के दृष्टिकोण से लड़ाकू विमानों को उड़ाना कहीं अधिक चुनौतीपूर्ण और अधिक दिलचस्प था। आधुनिक यात्री जेट-बोइंग और एयरबस-इंजीनियरिंग के ऐसे शानदार उत्पाद हैं कि उन विमानों में बैठे पायलट मूल रूप से हवाई जहाज के उड़ान कंप्यूटरों की निगरानी कर रहे हैं। उड़ान को मुख्य रूप से एक उड़ान नियंत्रण सॉफ्टवेयर के द्वारा प्रबंधित किया जाता है और सॉफ्टवेयर को हवाई जहाज को उसके डिजाइन सहनशीलता के तहत ही अच्छे से उड़ान भरने के लिए डिजाइन किया जाता है। इस प्रकार के बदले न जानेवाले सिद्धांतों ने यह सुनिश्चित किया है कि बिंदु 'ए' से बिंदु 'बी' तक की यात्रा करने के लिए उड़ान ही सबसे सुरक्षित तरीका है।

किसी वाणिज्यिक एयरलाइंस में कैप्टन का काम मुख्य रूप से उड़ान कंप्यूटरों की पेचीदगियों में महारत प्राप्त करना है, ताकि वो किसी विसंगति के मामले में उड़ान के कर्तव्यों का निर्वहन कर सके। एक लड़ाकू विमान के मामले में, पायलट वास्तव में विमान को उड़ाता है, जबकि पेशेवर एयरलाइंस के मामले में विमान अधिकांश ऑटो पायलट उड़ाता है।

□

12

मानव अधिकार

"सैद्धांतिक रूप से तो मानव अधिकार हर जगह पर मौजूद है, लेकिन अगर व्यावहारिक रूप से देखें तो यह काँटेदार तारों के आपकी ओर के क्षेत्र में मौजूद है।"

आनंद जागे तो उन्हें सबकुछ धुँधला-सा दिखाई दे रहा था और उन्हें अपने बँधे हुए हाथों में संवेदना महसूस हो रही थी। वे चकराते हुए सिर और निर्जलित आत्मा के साथ फर्श को देख सकते थे। कोई व्यक्ति उस तार के साथ खेल रहा था, जिसकी सहायता से उन्हें उस बीभत्स कुरसी से बाँधा गया था। वे अपनी ओर को आती हुई पदचाप सुन सकते थे। उन्होंने जैसे ही अपनी दृष्टि को और अधिक स्पष्ट करने को अपनी भौंह को ऊपर की तरफ उठाया तो उन्हें अपने सामने सेना की वरदी में खड़ा एक व्यक्ति दिखाई दिया। सभी से परे की शारीरिक यातनाओं को भुगतने के बाद वे अपने सिर को बड़ी मुश्किल से टिका पा रहे थे। उस व्यक्ति की आवाज उनके कानों में गूँजी। "जो, थोड़ा पानी पी लो।" उसने एक मोटी पौरुष भरी आवाज में कहा। आनंद को अचानक ही स्वतंत्रता की भावना का अहसास हुआ, क्योंकि उनके सामने खड़े व्यक्ति ने उनके हाथ बंधनमुक्त कर दिए थे। उन्हें उस बदबूदार कमरे में बंद करने के बाद काफी प्रताड़ित किया गया था।

उनके हाथों में किसी भी चीज का विरोध करने की क्षमता ही नहीं रही थी। कई दिनों तक इस प्रकार से बँधे रहने के चलते वे कमजोर हो चुके थे। आनंद ने जैसे ही पानी की एक बोतल को उठाने के लिए अपने हाथों को आगे बढ़ाया तो उन्हें अपने माथे में बेहद चुभनवाला दर्द महसूस हुआ। उस पायलट को सामान्य रूप से काम न कर पाते देख वहाँ खड़ा सेना का एक जवान आगे बढ़ने को मजबूर हुआ। वो बोतल के मुँह को उनके सूखे और प्यास से पपड़ी बन चुके उनके होंठों के समीप लाया। पहली कुछ बूँदों ने ही आनंद के होंठों को पहले की तरह सामान्य कर दिया। उसके बाद के कुछ घूँटों ने उनके काफी समय से सूखे पड़े गले की प्यास को बुझाया, जो आवाज तक निकाल पाने को संघर्ष कर रहा था। आनंद को पहली बार ऐसा लगा कि वे अभी जीवित हैं। उनका मस्तिष्क एक बार फिर सामान्य काम करने की तरफ बढ़ने लगा। आनंद अब सोच रहे थे।

"तुम्हें और पानी चाहिए?" उस सैन्यकर्मी ने पूछा। आनंद को और पानी की तलब थी। वे दुनिया में उपलब्ध सारा पानी पी जाना चाह रहे थे। उनका शरीर जीवित रहने के लिए चीख-चीखकर ताजा पानी माँग रहा था। इसके बावजूद आनंद ने सिर हिलाकर मना कर दिया। उन्होंने धीरे से अपना सिर ऊपर उठाया। उन्हें प्रकाश की किरण में अपने सामने खड़े एक व्यक्ति की आकृति दिखाई दी। उस व्यक्ति की छाती पर लगे बिल्ले पर 'हामिद' लिखा था। इससे पहले कि वे अपने निस्तेज़ मस्तिष्क और धुँधली दृष्टि के साथ कुछ और सोच या समझ पाते, उन्होंने हामिद को मुड़ते हुए देखा। सफेद-से रंग का कोट पहने हुए एक व्यक्ति उनके पास आया। आनंद का अवचेतन जानता था कि वो व्यक्ति एक चिकित्सक है।

उन्होंने एक बार फिर बेहोश होने से पहले दोनों लोगों को फुसफुसाते हुए सुना। "इसके शरीर में पहले से ही पानी की बेहद कमी है।" सेना के चिकित्सक ने अपनी राय रखी।

"हमें उसे ऐसी स्थिति में रखना है, जो पेश की जा सके।" डॉ. हामिद बोले, "उसे बहुत ही जल्द कैमरों के सामने आना होगा।"

"ठीक है, आप मेरी टीम को कुछ घंटों की मोहलत दें। हम उसे एक बार फिर बोलने और चलने के लायक बना देंगे।" वो बोला।

हामिद मुसकरा दिया। उसे यह जवाब सुनकर निश्चित ही काफी राहत मिली होगी, क्योंकि वो पहले दिन से ही उस भारतीय पायलट को लेकर चिंतित था।

"बहुत अच्छे!" हामिद बोला, "तुम्हारी बेटी के निकाह की तैयारियाँ कैसी चल रही हैं?" उसने पूछा।

"बेटियाँ, आप तो जानते ही हैं। हा हा हा, उनके लिए शादी जैसे बड़े मौके पर कुछ भी पूरी तरह से ठीक नहीं हो सकता...हा हा।" और वे दोनों कमरे से बाहर चले गए। आनंद को बंधनमुक्त करनेवाला व्यक्ति सबसे आखिर में बाहर निकला। उसने इस बात को निश्चित किया कि उससे कोई गलती न हुई हो। वो अपने कमांडरों की तरह कट्टर और एक नौकर की तरह डरा हुआ था।

दरवाजा जाकर धातु के रिम से टकराया। कुछ ही सेकंडों में आनंद ने अपनी आँखें खोलीं। वे असल में बेहोश हुए ही नहीं थे। उन्होंने अपनी किताब की सबसे पसंदीदा आनंद ट्रिक खेली थी। तेज गहरी साँसों के साथ उनका मस्तिष्क भी तेजी से काम कर रहा था। आनंद अपने को बंधन बनानेवालों की अगली चाल के बारे में सोच रहे थे। आखिर उन्होंने उन्हें पीने का पानी क्यों दिया? क्या वे उन्हें जीवित रखना चाहते हैं? वहाँ पर एक चिकित्सक क्यों था? कुछ-न-कुछ खिचड़ी तो जरूर पक रही है? आनंद ने अपने हाथों को कुरसी की लकड़ी के हत्थे पर घिसना शुरू कर दिया। रस्सी काफी मोटी थी और उसके किनारे कुंद थे। इसके बावजूद उन्होंने अपनी पूरी ताकत लगाकर रस्सी को घिसना जारी रखा। उनकी दृढ़ता के साथ ही घर्षण की गति भी बढ़ती गई। आनंद ने ऐसा करना जारी रखा। धुएँ की कुछ बारीक रेखाएँ दिखने लगीं। जलने की बेहद हलकी सी गंध कुरसी के आसपास फैल गई और शरीर के जवाब देने के बावजूद आनंद ने घिसना जारी रखा। इसके

बाद धातु का दरवाजा एक बार फिर अपने आप खुल गया। चार लंबे-तगड़े व्यक्ति उस तहखाने में भीतर चले आए।

उनके कुछ समझ पाने से पहले ही आनंद एक बार फिर से निढाल होकर पड़ गए।

"इसे इतना पसीना क्यों आ रहा है?" उनमें से एक मार्शल ने पूछा।

चिकित्सक ने आनंद के शरीर पर एक नजर डाली और उनकी छाती पर अपना आला टिका दिया, "ऐसा लगता है कि इसे हलका सा बुखार है, जिसके चलते यह पसीना आया है।" वे उनकी तरफ घूरते हुए बोले।

"ठीक है, हमें अपना काम जारी रखना होगा, डॉक्टर!" एक मार्शल बोला।

चिकित्सक ने सहमति में अपनी गरदन हिला दी। बिना कोई क्षण गँवाए, दो मार्शलों ने आनंद को पकड़ लिया और उन्हें उठा लिया। आनंद उन दोनों व्यक्तियों के बीच टँग गए, जो यह देख पाने में असफल थे कि उस पायलट की कुरसी से बँधी रस्सी आधी घिस चुकी है।

कुछ सौ फीट की दूरी पर गलियारे के दूसरे छोर पर स्थित, जहाँ पर करीब 20 के आसपास कोठरियाँ बनी हुई थीं, एक सैन्य टुकड़ी भारतीय अधिकारी को लाए जाने का इंतजार कर रही थी। कीटाणुनाशक की गंध से भरे हुए उस कमरे में एक महिला सहायक भी मौजूद थी। उस गंध ने आनंद के मस्तिष्क को एक बार फिर सक्रिय कर दिया और वो एक क्षण के लिए तो दोबारा स्फूर्त-से हो गए।

"ये लोग अब क्या कर रहे हैं?" जब गार्ड उन्हें साफ पलंग पर बैठा रहे थे, तब उन्होंने सोचा।

"इसे बिल्कुल ठीक करो, डॉक्टर! हमें इसे शूट करना है।"

मार्शल ने अपने सहयोगियों को कमरे में छोड़कर जाते हुए आदेश दिया।

'शूट' शब्द ने आनंद के मस्तिष्क को हिलाकर रख दिया, हालाँकि

उन्होंने तर्कसंगत सोच के साथ अपने आप को बनाए रखा। वे उन्हें गोली मारने से पहले उनके साथ इतना अच्छा व्यवहार तो नहीं करेंगे। हो सकता है कि वे कैमरे के साथ शूटिंग करने की बात कर रहे हों। उन्होंने उस सफेद नरम बिस्तर पर बैठे हुए सोचा। वे अब तक जाग चुके थे और वे टिन की बनी हुई चिकित्सीय ट्रे को आपस में टकराते हुए देख सकते थे।

महिला मनोचिकित्सक बीच-बीच में उनपर एक नजर डाल लेती थीं। भारतीय वायुसेना के एक पायलट ने शायद उसे हैरान कर दिया था। या फिर हो सकता है कि वो उन संभावित क्रूरता के बारे में सोचकर परेशान हो, जो उसके लोग उसके साथ करनेवाले हों या फिर वो शायद अपने मटन-चिप्स के लिए उसके बारे में सोच रही हो। उस पायलट ने अपने मस्तिष्क में उन वास्तविकताओं और कमजोरियों का खाका खींचना शुरू कर दिया, जिनसे उसका सामना हो सकता था। वो किसी भी तरह से वहाँ से निकल भागना चाहते थे, लेकिन वे उन परिणामों से भी अच्छे से वाकिफ थे, जो किसी भी गलती के होने पर उन्हें भुगतने पड़ते। उस क्षेत्र के कोने-कोने में कुशलनिकोवों की नालों को देखा जा सकता था। उनके दिमाग में आनेवाली अंतिम चीज थी, खुद को तब तक उनके सामने लाना, जब तक कि वे अपने लिए उनमें से एक की व्यवस्था नहीं कर लेते।

"बैठे रहो और अपने हाथ ऊपर उठा लो।" महिला ने रूखेपन के साथ कहा। आनंद ने उनके आदेश का पालन किया।

उन्होंने स्टेथोस्कोप को आनंद की छाती पर रखा। उस ठंडी धातु ने आनंद के पूरे शरीर में सनसनी का अहसास भर दिया और वे यह सोचने पर मजबूर हो गए कि उस महिला का हृदय भी बिल्कुल ठंडा है। अपनी आँखों में सहानुभूति का कोई अहसास लाए बिना उन्होंने स्टेथोस्कोप को आनंद के पेट के हिस्से पर कई स्थानों पर लगाया और फिर उसे हटाकर अलग रख दिया। इसके बाद आनंद ने उन्हें एक रजिस्टर में कुछ दर्ज करते हुए देखा, जिसे उन्होंने एक चिकित्सक को सौंप दिया। आनंद को अपने चारों ओर एक

अजीब से माहौल का अहसास हो रहा था, हालाँकि वो सेना के साथ काम करनेवाला एक चिकित्सक था और उसके पास आनंद के साथ बहुत कुछ भयावह करने की भी क्षमता थी, जिसे वे पूर्व में कई बार सिद्ध भी कर चुके थे, आनंद को लगा कि उसके भीतर एक छिपा हुआ नरम कोना भी था। उन्हें भरोसा था कि उस व्यक्ति को तहखाने में अपनी स्थिति का पता था और उस मानसिक चिकित्सक को अहसास था कि वो क्या कर रहा है।

वो चिकित्सक आनंद के और करीब आ गया और उसके हाथों में एक फ्लैशलाइट थी।

"अब अपना मुँह पूरा खोलो और अपनी जीभ को बाहर निकालो।" वो बोला। उस चिकित्सक ने उनके मुँह में अपनी टॉर्च की रोशनी डाली, जिसकी तेज रोशनी ने उस अच्छी रोशनीवाले कमरे को और अधिक रोशनी से भर दिया। आनंद ने अपनी जीभ बाहर निकाली। डॉक्टर ने संकोचन के किसी भी असामान्य फैलाव के लिए उसकी आँखों की जाँच की।

"आप वैसे तो पूरी तरह से स्वस्थ दिखाई दे रहे हैं।" चिकित्सक बोला।

"क्या आपको दर्द महसूस हो रहा है, शरीर में कहीं भी गंभीर किस्म का दर्द ?" उसने एक मद्धम मुसकान के साथ पूछा।

आनंद ने उस चिकित्सक की आँख-में-आँख मिलाकर देखने से पहले कमरे में चारों ओर नजर डाली, एक गहरी साँस ली और कुछ न बोले।

"क्या आपको लगता है कि आपको दर्द निवारक की आवश्यकता है ?" चिकित्सक ने एक और पासा फेंका। आनंद ने इस बार भी इनकार कर दिया। वो समय-समय पर पार्श्व में खड़ी नर्स पर एक नजर डाल लेता था और बार-बार अपनी चोटों को छिपा रहा था।

डॉक्टर ने एक बार फिर अपने पास मौजूद रजिस्टर में घसीटकर कुछ लिखा, उसकी ओर देखते हुए पीछे की तरफ मुड़ा और कमरे से बाहर निकल गया। डॉक्टर के वहाँ से बाहर निकलते ही, नर्स द्वारा पहना गया विनम्रता का

चोला उतर गया और एक घृणित चेहरे ने उसके नकली चेहरे का स्थान ले लिया। उसे अपने नजदीक आनंद की मौजूदगी से नफरत हो रही थी। पायलट ने अपने प्रति उसकी जबरदस्त नापसंदगी का अहसास करते हुए कमरे को अच्छे से पढ़ने का पूरा प्रयास किया, हालाँकि वो इस बात को लेकर जरा भी चिंतित नहीं था। क्या यह आश्चर्यजनक था? नहीं।

"क्या मुझे थोड़ा पानी मिल सकता है, कृपया?" उन्होंने उससे धीरे से पूछा। वो नर्स उस अप्रत्याशित अनुरोध से चौंक गई, रुकी और उनकी ओर देखा। उसने सीधे आनंद के भीतर तक देखने का प्रयास किया।

"मुझसे पानी माँगने की तुम्हारी हिम्मत कैसे हुई, हुँह?" उसकी आँखें और बड़ी हो गईं, लगभग खून से भरी हुईं। उसकी भारी साँसों के बीच भी उसकी आवाज मुलायम बनी रही। भारतीय पायलट उस महिला नर्स की असामान्य-सी दुश्मनी को लेकर थोड़ा हैरान था, एक ऐसी अजनबी, जिसके बारे में वो पूरी तरह से इस बात को लेकर निश्चित था कि उससे पहली बार मिल रहा है।

"मैं···मैं माफी चाहता हूँ···?" आनंद ने अपनी ओर से माँगी गई माफी और जान-बूझकर बात को रोकते हुए एक स्पष्ट सवाल उसके सामने फेंक दिया। उन्होंने सीधे उस महिला की आँखों में देखना शुरू किया, जो अपने भीतर के गुस्से से अंदर-ही-अंदर जली जा रही थी। वो उसके और करीब आ गई और आनंद एक अप्रत्याशित नतीजे का अनुमान लगाने लगे। अपने हालात को देखते हुए उनके पास बेहद सीमित विकल्प मौजूद थे। उनकी नजर पहले से ही अपने सीधे हाथ की तरफ उनसे करीब तीन फीट दूर रखे एक सर्जिकल ब्लेड पर टिकी थी। 'अंतिम उपाय।' उन्होंने सोचा।

"तुम दोजख (नरक) की आग में जलोगे, तुम्हारी आनेवाली पीढ़ियाँ हमेशा के लिए अपंग हो जाएँगी।" उसकी आवाज धीरे-धीरे दहाड़ में बदल गई।

"मोहतरमा, मुझे पूरा यकीन है कि हमारे बीच कुछ भी व्यक्तिगत नहीं

है। मैं आपकी स्थिति समझता हूँ, लेकिन मुझसे नफरत करने का कोई मतलब नहीं है।" आनंद ने अपने उस चिर-परिचित अंदाज में बात करनी शुरू कर दी, जिससे वे महिलाओं से बात करते थे।

"तूने मेरे पति की जान ले ली, कमीने!" उसका गला भारी हो गया, "तूने अरमान को मार डाला।"

आनंद उस महिला की पीड़ा को पूरी तरह से समझ पाने में असफल थे, इसलिए उन्होंने और अधिक बोलकर उसकी नाराजगी को बढ़ाने के बजाय चुप रहकर उसे सुनने का फैसला किया। उन्होंने सोचा कि आज का दिन वो दिन नहीं है, जब उनमें से किसी एक की जान उस सर्जिकल चाकू के जरिए निकल जाए। अपने शरीर में कोई हलचल किए बिना, उन्होंने उस महिला से उस व्यक्ति के बारे में पूछा, जिसके विषय में वे बात कर रही थीं।

"अरमान, अरमान, मैं समझ गया। उसे क्या हुआ?" उन्होंने पूछा और देखा कि उनकी आँखें गुस्से से लाल हो गई थीं। पायलट की सहज बुद्धि ने उन्हें बताया कि वो महिला उन्हें मार डालना चाहती थी, जैसे उनका सहज ज्ञान कई उड़ान मिशनों में उनकी जान बचा चुका था, वैसे ही वो अब भी बचा रहा था।

"तुम अपने गंदे मुँह से उसका नाम मत लो, गंदे कीड़े..." वो चिल्लाई। "अरमान मेरे मँगेतर थे, तुम्हारी गोली से शहीद होनेवाले पायलट। तुम्हें इसकी कीमत चुकानी पड़ेगी। मैं तुम्हें इसकी कीमत चुकाने पर मजबूर करूँगी।" उसने अपने दाँत पीसते और सुबकते हुए कहा।

*

श्रीमान शरद सिंह के कार्यालय में सामान्य तौर पर छाई रहनेवाली चुप्पी टेलीफोन की बजती घंटी से टूटी। उम्र के 5वें दशक से गुजर रहा एक अच्छे से तैयार आदमी, चश्मे के पीछे से झाँकती उसकी तेज़-तर्रार आँखें, उसके बर्फ की तरह पूरी तरह से सफेद बाल और एक कूटनीतिक मुसकान, जो

उपयुक्त समय पर उसके गंभीर दिखनेवाले चेहरे पर छा जाती थी। उस व्यक्ति ने फोन का चोगा उठाया। "यह पाकिस्तान में भारतीय वाणिज्य दूतावास है," उसने अपनी भंगिका को सँभालते हुए कहा, "सिंह, मैं पारेख।" दूसरे छोर पर मौजूद आवाज ने कहा।

"अच्छा, ठीक है, नमस्ते श्रीमान पारेख! मैं मंत्रीजी कार्यालय की क्या मदद कर सकता हूँ?" सिंह बोले।

"मुझे पायलट की मौजूदा स्थिति पर अपडेट चाहिए। पारेख, लोग आपा खोते जा रहे हैं। आपकी फील्ड टीमें क्या कर रही हैं?"

"सर, पाकिस्तान वायुसेना ने हमें सूचना दी है कि हमारा पायलट पूरी तरह से सुरक्षित है।"

"क्या उन्होंने 'सुरक्षित' शब्द का प्रयोग किया?"

"मुझे इस बात का पूरा भरोसा दिलवाया गया है, सर!"

"मैदान में मौजूद आपका बल क्या कर रहा है? कोई ताजा जानकारी?"

"सर, वे पायलट से संपर्क साधने का पूरा प्रयास कर रहे हैं। मैं आपको बता दूँ कि यह इतना आसान नहीं है। यहाँ की जनता भी काफी उद्वेलित है, लेकिन अभी हम इस बात को पूरी तरह से गोपनीय रख रहे हैं।" सिंह बोले।

पारेख ने आह भरी; उनके द्वारा साँस छोड़ने की आवाज स्पीकर पर आसानी से सुनी जा सकती थी। "ठीक है।"

सिंह जरा सा रुके, कुछ कहने को हुए और फिर चुप हो गए, फिर भी उन्होंने कह ही दिया, "सर, क्या मैं एक बात पूछ सकता हूँ?"

"बिल्कुल, पूछो।"

सिंह ने बिल्कुल एक बच्चे की तरह अपने होंठों को फैलाया, अपनी जीभ से अपने सूखे हुए होंठों को गीला किया और पूछा, "इस मामले पर अंतरराष्ट्रीय समुदाय कहाँ है? क्या हम यहाँ पर कुछ दबाव का प्रयोग नहीं

कर सकते, विशेषकर यह देखते हुए कि गेंद अभी हमारे पाले में नहीं है!"

"हम्म···मंत्रालय इस दिशा में कदम बढ़ा रहा है। आपको इस बारे में जल्द ही सूचना मिलेगी। मुझे नई जानकारी से अवगत करवाते रहें।" पारेख बोले।

"बिल्कुल सर!"

~*~

आनंद के दिमाग में भागने की योजना थी, लगभग पकी हुई, लगभग विचारशील, लेकिन भावनात्मक रूप से परेशान वो नर्स अब एक नई मुसीबत थी। उन्होंने बात करके मामले को थोड़ा शांत करने का प्रयास किया।

"देखो, मुझे मालूम है कि यह कैसा लगता है, लेकिन मैंने कुछ और ही देखा, अरमान की मौत का एक बिल्कुल अलग परिस्थिति—अल्लाह उसकी रूह को शांति दे—जो आपको बताया गया है, उससे पूरी तरह से अलग।" उसने उसकी जलती हुई लाल आँखों में देखते हुए कहा।

नर्स कुछ क्षण को रुकी, विचार किया और फिर पूछा, "आखिर तुम कहना क्या चाहते हो? क्या परिस्थिति?"

"हाँ, सच्ची कहानी। मेरी कहानी। आप शायद चाकू को नीचे रख सकती हैं।" आनंद ने अपनी आँखें उस चाकू की तेज धार से एक पल के लिए भी नहीं हटाईं। "क्या मैं आपका नाम जान सकता हूँ, मोहतरमा?" उसने पूछने की हिम्मत की।

उसने ब्लेड की ओर देखा, एक बार को उसे नीचे रख भी दिया, लेकिन फिर बीच में ही अपना इरादा बदल दिया। उसने फैसला किया कि अगर उसे कहानी पसंद नहीं आई तो यह काम आएगा। इसके बाद उसने अपना सिर उसकी तरफ घुमाते हुए धीरे से फुसफुसाया, "नफीसा।"

आनंद ने एक गहरी साँस खींची और फिर बाहर की ओर छोड़ी। "नफीसा—मूल्यवान और कीमती। इस बात पर कोई शक नहीं। नफीसा, मैं

पहले यह जानना चाहता हूँ कि आपके कार्यालय ने आपको क्या जानकारी दी है?"

उसने अपनी आँख झपकाई और झटके में चाकू को उठा लिया, जैसे वो उसका दिल चीरने को तैयार हो, "तुम मेरे साथ अधिक चालाक बनने की कोशिश मत करो।"

आनंद चौंक गया, उसने अपने हाथ ऊपर उठा लिये और चिल्लाया, "नहीं, ननननन···नहीं, कृपया नहीं। चाकू से क्या होगा मोहतरमा?" उन्होंने अब बातचीत पर दूसरे तरीके से काबू पाने का प्रयास किया, "मेरा कहने का मतलब यह है कि आप बात नहीं कर सकतीं? क्या यह बात आपको राहत प्रदान करेगी कि आपने बिस्तर पर पड़े एक ऐसे मेहमान की जान ले ली, जो आपको कोई नुकसान नहीं पहुँचा रहा हो?" वो बोला।

उस कमरे में एक पल के लिए पूर्ण शांति छा गई। उसके बाद उसने आनंद की बात को मानते हुए पूरी बात विस्तार से बताई।

"आपने जिस विमान को मार गिराया, अरमान उसमें मारा गया। सभी ने इस बात को देखा है। मुझे भी यही बात बताई गई है। तुमने उसके विमान को मार गिराया, क्या तुमने ऐसा नहीं किया?" निंदा से भरी उसकी आँखों ने उसे घूरते हुए कहा।

"हाँ, मैंने उसके विमान को मार गिराया था। मेरा मानना है कि इसी वजह से वो नीचे गिर गया···"

"तुम,··· के बच्चे।" नफीसा ने चाकू पर अपनी पकड़ और अधिक मजबूत कर ली और उसका चेहरा भावशून्य हो गया।

"···लेकिन," आनंद ने अपनी बात जारी रखी, "वो मैं नहीं था, जिसने उसकी जान ली।" वो नर्स पूरी तरह से हैरान-परेशान थी और वो पायलट द्वारा उसे दिए जानेवाले किसी भी जवाब पर भरोसा करने को तैयार नहीं थी। "उसका विमान दुर्घटनाग्रस्त हो गया। मैं तो जमीन पर छिपा हुआ था। गाँव के

लोगों ने उसे पकड़ लिया। उन्होंने शायद उसे एक घुसपैठिया समझ लिया। मैं तो वहीं पर मौजूद था···।" आनंद का गला सूख-सा गया।

"क्या किया···उन्होंने उसके साथ क्या किया?"

आनंद ने एक पल के लिए चादर से खेलना शुरू किया और उसकी तरफ घूरने लगा। "उन्होंने···उन्होंने पीट-पीटकर उसकी जान ले ली। उन्होंने उसे बेहोश हो जाने तक मारा। उसके तुरंत बाद ही मुझे पकड़ लिया गया।"

नफीसा की दुनिया वहीं पर बिखर गई। उनके लिए इस बात पर भरोसा करना बेहद मुश्किल था, उनके अपने ही लोगों ने उनके प्रेमी की जान ले ली। वे वहीं पर बैठ गईं, अगले कुछ मिनटों के लिए बेसुध-सी जब तक कि चिकित्सक एक सहायक से साथ वहाँ नहीं पहुँच गए।

काँच की माला जैसी दिखनेवाली चिकित्सक की आँखें, अपने पीछे छिपे किसी भी रहस्य को उजागर नहीं करती थीं। उन्होंने नर्स की ओर देखा।

"यहाँ पर सबकुछ ठीक-ठाक है?" उन्होंने एक कैप्सूल को खोलते हुए पूछा। उसने हौले से सिर को हिलाकर हामी भरी।

वो हँसा और आनंद की तरफ मुड़ा। "लो, इसे ले लो।"

आनंद की सहज प्रवृत्ति काम करने लगी। "यह क्या है?"

"दवाई। तुम्हें एक बार फिर से बेहतर बनाने के लिए। आप कैमरे का सामना करनेवाले हैं।" चिकित्सक ने यह बात कही और और उनके सहायक ने इशारे से दो व्यक्तियोंवाले कैमरा-दल को भीतर आने का इशारा किया।

*

"श्रीमान पारेख? मैं सिंह बोल रहा हूँ। मुझे उम्मीद है कि आप टी.वी. देख रहे होंगे। वे उससे बुलवा रहे हैं।" राजदूत सिंह ने भारतीय विदेश मंत्रालय को सूचित किया।

□

13

सत्तासीन भ्रष्ट

"सत्ता और षड्यंत्रों के खेल में आपकी अपनी परछाईं तक भी संदिग्ध होती है।"

काफी लंबे समय के बाद, जोसफ और लीना को एक मजबूत सुराग मिला। उस कर्मचारी का नाम तलाशना, जिसकी संभवत: हत्या कर दी गई थी, अपेक्षाकृत आसान काम था। जाँचकर्ताओं को सिर्फ जेलर से उस घटना के बारे में ताकीद करनी थी, जिसमें जेल में बंद कैदियों ने किसी कर्मचारी को बुरी तरह से मारा हो, हालाँकि जोसफ को लंबे समय से एक ही व्यक्ति पर संदेह था। उन्होंने उसपर पहले भी ध्यान दिया था। उनकी नजरों के सामने ही छिप रहा एक व्यक्ति उनकी नाक को काफी समय बाद एक ठोस सबूत सूँघने को मिला था। अपने ड्राइंगरूम में बैठकर शहरवाली चाय की चुस्कियाँ लेते हुए उनके दिमाग में एक बिल्कुल नया कोण आया, जो उनके संदेह पर पूरी तरह से फीट हो रहा था।

देर रात की नींद के बाद ताजा होकर जागी लीना भी ड्राइंगरूम में क्लिंटन जोसफ का साथ देने पहुँच गईं। वे धम्म से सोफे पर पड़ गईं और अपना लैपटॉप खोल लिया। "कल रात नींद आई क्या, बॉस ?"

जोसफ ने एक क्षण के बाद उसकी ओर ध्यान दिया और अपनी चेतना

में वापस लौटे। "हाँ···जितनी चाहिए उतनी मिल गई। 3.5 घंटे और आप?" उन्होंने मेज पर कप रखने के लिए झुकते हुए पूछा।

"पर्याप्त मिल गई।" उन्होंने मुसकराते हुए जवाब दिया।

"सांकेतिक भाषा में लिखे उस संदेश पर काम चल रहा है, हुँह?" उन्होंने पूछा और अपनी जेब में एक और सिगरेट तलाशने लगे। लीना ने अपने चश्मे के पीछे से उनपर एक नजर डाली और 'हाँ' कहा।

"मुझे लगता है कि मेरे पास पहेली का एक महत्त्वपूर्ण टुकड़ा मौजूद है।" जोसफ बोले और अपनी सिगरेट को सुलगा लिया। लीना ने अपने पैर के ऊपर पैर रखा और अपने चश्मे को ठीक करते हुए अपना ध्यान उनपर केंद्रित कर दिया। "हम कुछ ही क्षणों में निकलनेवाले हैं। एक बार फिर डॉली की तरफ।" जोसफ बोले और धुआँ उनके पतले होंठों के बीच अठखेलियाँ कर रहा था।

उनकी एस.यू.वी. एक बार फिर दरवाजे के सामने रुकी और एक अधिकारी उन दोनों की अगुआई करने को वहाँ पर मौजूद था। लीना और जोसफ बाहर निकले।

"नमस्कार, हम आपके आने की उम्मीद कर ही रहे थे। चीफ एक आपातकालीन काम से बाहर गए हैं।" उस लंबे, गोरे और पतले अधिकारी ने कहा। उन्होंने जोसफ से हाथ मिलाया, "मैं हूँ कैप्टन विजय कुमार जेटली," वे बोले, "मैं आज की जाँच में आपकी सहायता करूँगा।"

"बहुत अच्छे, कैप्टन!" जोसफ बोले। "असल में, जहाँ तक मेरा अनुमान है, हमें अधिक समय नहीं लगेगा। चाहे कुछ भी हो जाए, हम आपको अधिक परेशान नहीं करेंगे।" उन्होंने कभी-कभार आनेवाली मुसकान के साथ कैप्टन से कहा।

"बिल्कुल नहीं, सर!" कैप्टन जेटली उन दोनों को परिसर के भीतर ले जाते हुए बोले।

वे तीनों जाकर कैप्टन के कार्यालय में बैठे। लकड़ी की मेज को कई ऐसे असली दिखनेवाले मशीनी खिलौनों से सजाया गया था, जिन्हें देखना बेहद दिलचस्प था। लीना उनकी तरफ ही देखती रहीं। कैप्टन ने उनकी तरफ देखा और खामोशी को तोड़ा।

"हमें कैसे शुरू करना है, सर!" उन्होंने पूछा।

"शायद चाय या कॉफी के साथ!" जोसफ ने ठहाका मारा। हर कोई हँस पड़ा।

"बिल्कुल," जेटली बोला। उन्होंने हाउसकीपिंग घंटी बजाई। कॉल बेल की उस जानी-पहचानी-सी आवाज को सुनकर जोसफ की भौंहें तन गईं।

"तो, अब अगला कदम क्या होने जा रहा है?" कैप्टन ने पूछा और उनका ध्यान लीना की तरफ गया, जो मेज पर रखी काँच की बनी हुई रेलगाड़ियों के धातु के बने पहियों को ऊपर-नीचे होते बड़े गौर से देख रही थीं। जोसफ ने एक गहरी साँस ली।

"अधिक नहीं!" वे बड़बड़ाए, "कुछ अधिक नहीं। हमें बस पास के एक क्षेत्र में छोटी सी यात्रा करनी है।" वे बोले।

"एक छोटी सी यात्रा?" कैप्टन ने अपनी भौंह ऊपर करीं।

"हाँ," जोसफ ने जवाब दिया। उनकी इस बात को शायद एक पल ही बीता होगा कि तभी कार्यालय के दरवाजे पर दो बार हलकी सी दस्तक हुई।

"अंदर आ जाओ।" जेटली बोले।

एक हलकी सी चरमराहट की आवाज के साथ दरवाजा खुला। पहले एक जाने-पहचाने-से पुराने चेहरे ने अंदर झाँका, फिर वो गायब हो गया और फिर हाथों में कॉफी और नाश्ते से सजी एक ट्रे के साथ आ गया। "सुप्रभात, साहेब!" राम बावा ने एक बड़ी सी मुसकराहट के साथ तीनों का अभिवादन किया।

कैप्टन ने एक औपचारिक-सी मुसकराहट अपने चेहरे पर ओढ़ी और

उस व्यक्ति को आगे आने का इशारा किया। क्लिंटन जोसफ ने आँखों में आँख डालने की जहमत नहीं उठाई। राम मेज की तरफ आगे बढ़ा और वो कमरे में मौजूद लोगों के प्रति सम्मान दिखाने के लिए पूरी तरह से विनम्र था। उसने प्रत्येक व्यक्ति के सामने कॉफी के कप रख दिए।

"कुछ और, साहेब?" उसने अपने हाथों को सामने की ओर बाँधते हुए पूछा, जिससे ट्रे ने उसके पेट को आंशिक रूप से ढक लिया।

"अगर कुछ चाहिए होगा तो हम आपको बता देंगे!" पेन और नोटपेड के साथ व्यस्त जेटली बोले।

राम बावा थोड़ा सा झुका और कमरे से बाहर निकलने के लिए घूमने लगा और उसके पाँव इतने शांत थे, जैसे हवा के झोंके के साथ बहती पत्ती।

"तुम वास्तव में बहुत अच्छी कॉफी बनाते हो!" जोसफ ने अचानक ही प्रतिक्रिया दी। सभी की नजरें उनपर टिक गईं। बावा रुके, मुड़े और उस क्षणभंगुर टिप्पणी को सुना। बावा अपनी इस तारीफ पर मुसकराए।

"धन्यवाद, साहेब!" वो बोला।

"अरे! अगर आप किसी दिन बिल्कुल ऐसी ही कॉफी मेरे घर पर भी बनाएँगे तो आपका बहुत स्वागत होगा।" क्लिंटन ने एक अदृश्य तिरस्कारवाली भावना के साथ कहा।

"यह मेरे लिए सम्मानवाली बात होगी, सर!" बावा ने जवाब दिया। उसके बाहर निकलने के लिए मुड़ने से पहले ही क्लिंटन ने टिप्पणी की।

"अभी क्यों नहीं!" वे बोले।

एक पल को तो हर किसी को ऐसा लगा कि यह एक झूठा प्रस्ताव है और जोसफ उस बात को बहुत लंबा खींच रहे हैं। यहाँ तक कि कॉफी भी इतनी अधिक स्वादिष्ट नहीं बनी हुई थी, जैसा कि लीना के भावों से बिल्कुल स्पष्ट हो रहा था।

"मुझे लगता है कि आप लंबे समय के बाद कॉफी पी रहे हैं, सर?"

अधिकारी ने पूछा। सभी ने एक औपचारिक हँसी हँसी और दरवाजे पर खड़ा राम बावा इस पूरे वार्त्तालाप का एक मूक हिस्सा बना रहा।

"नहीं, नहीं। मैं पूरी गंभीरता से कह रहा हूँ। हम ऐसा अभी करते हैं।" क्लिंटन बोले।

लीना ने बिना वक्त गँवाए स्थिति का आकलन किया, वो समझ गईं कि क्लिंटन के दिमाग में कुछ पक रहा है। उन्होंने कैप्टन की तरफ आँख के इशारे से उन्हें संकेत देने का प्रयास किया।

"ठीक है··· बावा! बावा, वापस यहाँ पर आओ।" कैप्टन जेटली उठ खड़े हुए। बावा भागकर दरवाजे की ओर बढ़ा।

"साहब को तुम्हारे हाथ की बनी हुई कॉफी बेहद पसंद आई।" कैप्टन ने अपनी दाहिने हाथ से बावा के कंधे को थपथपाया। "वे अपने घर जाने के लिए जोर दे रहे हैं। उनके यहाँ कुछ मेहमान आनेवाले हैं। कृपया आइए!"

उस प्रस्ताव में कोई नुकसान नहीं था, हालाँकि बावा इस बात को लेकर निश्चित नहीं था कि कोई ऐसी नीति है, जिसके तहत हाउसकीपिंग का काम देखनेवाले कर्मचारियों को काम के घंटों के दौरान, वहाँ से बाहर जाकर किसी के लिए काम कर सकते हैं, लेकिन जेटली का आश्वासन काम कर गया।

"ठीक है, सर!" वो राजी हो गया।

कैप्टन जेटली ने जोसफ की कार का स्टीयरिंग अपने हाथों में ले लिया और लीना ने आगे की ड्राइवर के बगलवाली सीट अपने कब्जे में ले ली। बावा और जोसफ बीच के हिस्से में बैठे थे। एस.यू.वी. डॉली-3 से आगे की ओर बढ़ गई। पहाड़ों की सड़क काफी ऊबड़-खाबड़ थी और बरसात के मौसम में कार को ऊपर चढ़ाने के लिए सिर्फ कुशल वाहन चालक होना ही काफी नहीं होता था। उस ऊँची-नीची चढ़ाई पर गाड़ी को तेज गति से भगाने के लिए दिलेरी और साहस की आवश्यकता थी। कैप्टन ने पीछे का दृश्य देखने के लिए लगे हुए शीशे में दिखाई दे रही सड़क की कीचड़ को

देखा और उनकी एस.यू.वी. उस छोटे और खड़ी चढ़ाईवाले रास्ते पर चढ़ती चली गई।

एक पल के लिए कार में पूर्ण सन्नाटा छा गया और राम बावा की आँखें दोनों ओर घूमने लगीं। वो उस समय तो यह सोचने पर मजबूर हो गया कि क्या उसकी कॉफी वास्तव में इतनी विशेष थी। जेटली अपनी तेज छोटी आँखों से पीछे देखनेवाले शीशे से उसपर नजर रखे था, तभी सड़क के किनारे लगे ताड़ के पेड़ों के बीच से एक पुराना सा घर दिखाई दिया। उस घर का लकड़ी का बना ढाँचा हरे रंग के शैवाल और सफेद फंगस के रेशों से ढका हुआ था, लेकिन इसके बावजूद भी घर रहने लायक लग रहा था। उस डरावने, लेकिन फिर भी सुंदर से प्रतीत होनेवाले घर को देखते ही बावा के पैरों तले से जमीन खिसक गई।

वे चारों व्यक्ति एस.यू.वी. से उतर गए और मुख्य द्वार की ओर आगे बढ़े। "ओह...क्या यह आपका घर है, साहेब?" बावा ने बिल्कुल मरी हुई आवाज में पूछा। कोई भी कुछ नहीं बोला, सभी चुपचाप चलते रहे। पत्थरों की सीढ़ियाँ लकड़ी के बने बरामदे तक जाती थीं। लीना और जेटली उनकी अगुआई कर रहे थे, जबकि उनके पीछे बावा था, जिसके साथ जोसफ चल रहे थे। जोसफ ने अपना हाथ बावा के दाहिने कंधे पर टिका दिया और एक सिगरेट सुलगा ली। नौकर लगभग घबरा सा गया, लेकिन ऐसा हुआ नहीं।

"इससे पहले कि तुम हमें अपने खाना बनाने के कौशल से आश्चर्यचकित कर दें, आइए थोड़ा टहल लेते हैं।" उन्होंने बावा को अपने साथ चलने के लिए इशारा करते हुए कहा।

"आखिर हम यहाँ आए क्यों हैं?" कैप्टन जेटली फुसफुसाए। लीना ने चारों ओर देखा, जैसे वे उस जगह का बारीकी से मुआयना कर रही हों।

"मुझे लगता है कि बहुत जल्द हमारा सामना किसी बेहद अनोखी चीज से होनेवाला है।" वे बोलीं।

"आश्चर्य।" कैप्टन जेटली सोच में पड़ गए। उन्होंने देखा कि जोसफ बावा को अपने साथ घर के पीछे के क्षेत्र में बनी पगडंडी पर खरपतवार के बीच टहलने के लिए ले जा रहे हैं। लीना ने घर का दरवाजा खोला और कैप्टन को अंदर आने का न्योता दिया।

"बहरहाल, यह किसका घर है?" कैप्टन ने पूछा।

"हम जल्द ही इस घर के मालिक से मिलनेवाले हैं।" उन्होंने एक बेहद शांत से व्यवहार के साथ जवाब दिया, जैसे उन्हें यह पता हो कि आगे क्या होनेवाला है।

कुछ क्षण बीत गए, तभी एक जोरदार धमाका हुआ, बंदूक की गोली चलने जैसी आवाज ने उस सुनसान से लकड़ी के बने घर के पीछे की घाटी को गुँजा दिया। लीना और जेटली दौड़कर बाहर पहुँचे। बावा और जेटली जिस पगडंडी पर चलकर गए थे, उसी पर चलते हुए वे दोनों उस घर के पीछे के एक खुले हुए स्थान पर पहुँच गए। जोसफ वहाँ पर जमीन पर पड़ी किसी चीज की ओर बंदूक ताने खड़े थे। वो राम बावा था। जोसफ ने लीना की तरफ ध्यान दिया और जमीन पर घूरना जारी रखा।

"क्या हुआ सर?" अपने हाथ में गोली चलाने को तैयार कोल्ट 45 बंदूक लिये हुए कैप्टन जेटली ने पूछा।

"इधर की तरफ आओ।" क्लिंटन जोसफ ने कहा।

उन दोनों ने घुटनों तक की ऊँची घास में आगे बढ़ने की जगह बनाई और उन्हें फौरन ही बहुत गंदी बदबू के चलते पीछे हटना पड़ा। वहाँ पड़ा शरीर काफी हद तक सड़ चुका था। उसकी हड्डियों से सड़े हुए मांस के लोथड़े लटक रहे थे। कीड़े रेंगकर आँखों के गड्ढों से बाहर आ रहे थे और हर किसी को मितली-सी आने लगी।

"आपके कर्मचारियों में से एक काफी लंबी छुट्टी पर गया हुआ है, ठीक कहा न?" जोसफ ने पूछा।

कैप्टन ने पहले उनकी तरफ देखा और फिर लाश की तरफ। "क्या ये··· ? क्या··· ? अरे नहीं!" उसके मुँह से सिर्फ इतना ही निकला।

"और यह है उसकी जगह पर भेजा गया दूसरा आदमी—राम बावा। एक विनम्र नौकर और शानदार कॉफी बनानेवाला, भेजा गया व्यक्ति।" जोसफ ने खीसें निपोरते हुए कहा। "आइए, एक कप कॉफी पीते हुए आगे की बात करते हैं, श्रीमान बावा!" वे उसे कॉलर से पकड़कर उठाते हुए बोले।

इंजन का शोर हुआ और एस.यू.वी. पहाड़ी से नीचे के रास्ते पर आगे बढ़ चली।

□

14

सत्य के लिए प्रार्थना कीजिए

"सच्चाई हमेशा खुद-ब-खुद सामने नहीं आती है। कई बार आपको प्रार्थना करनी पड़ती है।"

"हमारे पास तुम्हारे लिए बहुत से सवाल हैं। हम चाहते हैं कि तुम उनके बिल्कुल ठीक जवाब दो, अगर तुमने झूठ बोला या फिर हमें धोखा देने की कोशिश की तो तुम्हें और अधिक दर्द का सामना करना पड़ेगा। हमें इसे आसान तरीके से करना चाहिए।" कैप्टन जेटली ने लोहे की कुरसी से बँधे हुए बावा को निर्देश दिया।

वो एक छोटा सा अलग-थलग मकान था, जो डॉली-3 से कुछ ही दूरी पर स्थित था। जोसफ ने सलाह दी थी कि किसी भी तरह के संदेह को दूर रखने के लिए बावा से पूछताछ उस स्थान से कहीं दूर ले जाकर की जाए। हो सकता है कि वहाँ पर बावा की तरह कुछ और फर्जी आदमी मौजूद हों।

वो मकान पूरी तरह से लकड़ी की दीवारों और लकड़ी के फर्श से बना हुआ था। कुछ स्थानों पर छत के किनारों पर मकड़ी के जाले लगे हुए थे। फर्नीचर इधर-उधर बिखरा हुआ था, बदबूदार और गरम हवा खिड़कियों को खोल देने की गुहार लगा रही थी और कहीं आसपास में ही मरा हुआ कोई चूहा भी अपनी मौजूदगी का अहसास करवा रहा था। क्लिंग! क्लिंग! बावा के

हाथ में बँधी हुई लोहे की हथकड़ी उस पुरानी कुरसी के लोहे से टकरा रही थी। राम बावा ने एक बार भी वहाँ से बच निकलने का प्रयास तक नहीं किया, हालाँकि उसकी बेचैनी बढ़ती जा रही थी और लीना ने इस बात पर ध्यान दिया कि उसका शांत स्वभाव बदलता जा रहा है। उसे सिर्फ एक झटका लगने की देर थी और वो बोलना शुरू कर देता, इसलिए लीना ने सोचा।

जोसफ ने जेटली की तरफ देखा। इसके बाद कैप्टन ने कोरिया के बने एक छोटे से टेप रिकॉर्डर को बाहर निकाला। जोसफ ने लोहे की एक और पुरानी सी कुरसी खींची और हथकड़ी बँधे हुए आदमी के बिल्कुल सामने बैठ गए। कुछ क्षण के लिए शांति छाई रही और जोसफ सामने की ओर झुक गया।

"लीना, क्या आप मेरे लिए थोड़ा पानी ला सकती हैं, कृपया?" लीना एकदम से उनके लिए पीने का पानी लेने चली गईं। जेटली अपनी छाती के आगे हाथ बाँधे बावा के पीछे खड़े रहने की अपनी स्थिति में बने रहे।

"मेरी ओर देखो, दोस्त," जोसफ ने अपनी शांत आवाज में बावा को निर्देश दिया, जो अब उनसे आँखें चुरा रहा था। "मेरी ओर देखो। यह तुम्हारे लिए बिल्कुल आसान होने जा रहा है। हमें सारी कहानी सिर्फ एक पुस्तक की तरह सुना दो और तुम आजाद हो।" वे बोले।

राम बावा ने अपनी मुट्ठी को खोला और बंद किया, उसके चेहरे पर पसीने की बूँदें छलक आईं और वे उसके माथे पर छोटे-छोटे मोतियों की माफिक चमक उठीं। इतने में लीना भी अंदर आ गईं। उन्होंने जोसफ की तरफ पानी की बोतल बढ़ाई, जिसे बावा से अपनी नजरें हटाए बिना थाम लिया। लीना ने दो छोटे छेदोंवाले लकड़ी के दरवाजे के पास पहरेदारीवाली जगह सँभाल ली। हवा में उड़ रहे धूल के बारीक कणों के बीच से प्रकाश की दो किरणें झाँक रही थीं।

"मैं···मैं बहुत डरा हुआ हूँ, साहेब! मुझे नहीं पता कि क्या हो रहा है। वो लाश और आप सब लोग···मैं बहुत डरा हुआ हूँ साहेब!" बावा की आवाज

काँप रही थी। कोई प्रतिक्रिया न होती देखकर, वो जारी रहा। "आप लोगों ने मुझे क्यों पकड़ा है ? मैं तो सिर्फ एक नौकर हूँ। मैं सेवा करता हूँ और अब मुझे कुरसी से बाँध दिया गया है। क्यों साहेब ?" उसकी आवाज काँप उठी और उसकी आँखों से आँसुओं की धारा बह निकली।

जोसफ ने अपनी आँखें ऊपर उठाईं, निराशा से भरी हुई। उन्होंने एक गहरी साँस ली और अपने दिमाग को शांत किया। "तो तुम चाहते हो कि हम तुम्हारे साथ सख्ती करें, हुँह ?" वे बोले। "ठीक है। तो फिर ये लो मुश्किल रास्ता।" वे खड़े हुए और अपनी कार की चाबियाँ निकाल लीं।

बावा अब डर को सह पाने की स्थिति में नहीं था। "मैंने ऐसा क्या किया है कि आप इतने अधिक नाराज हैं, साहेब ?" और उसके आँसू बह निकले। "मैं तो सिर्फ आपके साथ चल रहा था और तभी पता नहीं कहाँ से हमारे सामने एक लाश आ गई।"

जोसफ ने बावा के बाएँ हाथ की उँगलियों को थाम लिया। इसके बाद उन्होंने की-ब्लेड को बावा की मध्यमा और तर्जनी उँगलियों के बीच लंबवत् रखा। ब्लेड एक उँगली के नीचे लगा और दूसरी के ऊपर।

"हम इसे अपनी भाषा में 'ट्विस्टिड की' कहते हैं। चीनी सरकार इसे राजनीतिक कैदियों पर आजमाती है और वे इसके बाद राजनीतिक नहीं रह जाते, हा हा।" वे बोले। उन्होंने एक और सिगरेट सुलगा ली। बावा की आवाज में एक बार फिर रोना मिल गया।

"साहेब, साहेब…रहम कीजिए। मैं पूरी तरह से बेकसूर हूँ।"

अगले छह-सात मिनट के लिए, जो उस लकड़ी के मकान में बहुत लंबा समय लग रहा था, बावा की दर्द भरी आवाजें उसकी जर्जर लकड़ी की दीवारों को भेदने में असफल रहीं। उसकी लाल पड़ चुकी और सूज चुकी उँगलियाँ उसके चेतन मन में दर्द की असहनीय लहरों को भेज रही थीं।

"शायद इतना काफी रहेगा!" जोसफ़ ने बावा की आँखों में आँखें

डालकर देखा और उसकी उँगलियों के बीच से कार की चाबियाँ हटा दीं। बावा मुश्किल से साँस ले पा रहा था। उसकी उँगलियों के फटे हुए ऊतक और नील के निशान आसानी से दिखाई दे रहे थे। लीना और जेटली अपनी-अपनी जगह पर खड़े रहे। "अब मैं तुम्हारे साथ और अधिक स्पष्ट हो जाता हूँ। तुम्हें भी अब अपने जवाबों में और अधिक स्पष्ट होना होगा। बात बिल्कुल साफ है।" जोसफ बोले।

"वो लाश वहाँ पर कैसे आई? किसने उसकी हत्या की और क्यों?" जोसफ ने उसके जवाब देने का इंतजार किया।

"मैं···मैं···," बावा गिड़गिड़ाया और वो अगली चीज, जो उसे महसूस हुई, वो था उड़कर उसके गाल पर आता हुआ जोसफ का हाथ।

"जल्दी से याद करने की कोशिश करो···"

उन तीनों ने जितना आसान सोचा था, बावा को सच बोलने पर मजबूर करना उतना आसान नहीं था। जल्द ही डूबते हुए सूरज ने झींगरों के बोलने और उल्लुओं के चिल्लाने की आवाजों से कमरे को भर दिया। छह घंटों की दर्दनाक यातनाओं का दौर बेकार जाता दिखाई दिया और सच में, बावा डर गया था, लेकिन बात सिर्फ इतनी ही थी। उसने एक बार भी अपना मुँह नहीं खोला। जेटली ने भी अपनी तरफ से प्रयास किया, उसपर मुक्के बरसाए, उसे डराया, उसे लात मारी, लेकिन वो नहीं टूटा। लीना ने उसके साथ दिमागी खेल भी खेले; लेकिन वो नहीं टूटा।

उस गहरे नीले आकाश में रोशनी के कुछ ही क्षण बाकी थे। जोसफ दरवाजे के एक कोने से सटा खड़ा था। जेटली अहाते में सीढ़ियों पर बैठा था और लीना कुरसी पर बैठी थी और लगातार हथकड़ी से बँधे बावा की तरफ घूरे जा रही थी, जिसकी नाक और मुँह से खून बह रहा था और जिसे पानी की दरकार थी। हर कोई पसीने में तर था। वो कमरा जो थोड़ी देर पहले बासी हवा से भरा हुआ था, अब वो पसीने की नदी जैसा लग रहा था।

जोसफ पीछे की तरफ मुड़े और लीना और कैप्टन जेटली की तरफ

देखा। उन्होंने बावा की ओर कुछ कदम आगे बढ़ाए, जो अपनी अपराजेयता को लेकर आनंदित-सा दिखाई दे रहा था। राम बावा इस बात पर अड़ा था कि वो पूरी तरह से बेकसूर है। यहाँ तक कि लीना को भी उसके किसी गलत काम में शामिल होने की बात पर शक होने लगा। जोसफ लीना की कुरसी के बगल में खड़ा हो गया।

"तुम्हें दिल्ली विस्फोटोंवाला वो पुराना मामला याद है, लीना?" उन्होंने पूछा।

"हाँ, लेकिन उसका क्या?"

"हमारी पूछताछ का तरीका?"

लीना का सिर जोसफ की तरफ घूम गया।

"सर?…क्या होगा?"

जोसफ ने उनकी ओर देखा। जेटली आगे आया। वह जोसफ के कान में फुसफुसाया। "हम ऐसा करके परेशानी में पड़ चुके हैं। हमने उसे गैरकानूनी रूप से हिरासत में लिया है और कानून के कठघरे में मानवाधिकार आयोग हमारी धज्जियाँ उड़ा देगा। इसके अलावा, हम अपने स्तर पर ऐसा नहीं कर सकते…" जोसफ उसकी तरफ मुड़े, लेकिन कुछ बोले नहीं। "एक अंतिम प्रयास, अगर तुम करना चाहो तो?" क्लिंटन जोसफ ने कैप्टन की सहमति की माँग की। कैप्टन कुछ बोले नहीं और बाहर चले गए।

"लीना, मेरे लिए एक सूती कपड़ा लाकर दो, एक टी-शर्ट भी काम कर जाएगी।" जोसफ बोले। लीना ने बिल्कुल ऐसा ही किया।

लोहे की कुरसी ने एक बार फिर चरमराने की आवाज की, क्योंकि जोसफ ने खुद को उसपर झुका दिया था। उनके चेहरे पर एक अशांत-सी मुसकान थी।

"बहुत अच्छे। तुम काफी कठोर हो। इस बात पर कोई शक नहीं है।" और उन्होंने एक और सिगरेट सुलगा ली।

"आओ, एक बार और तुम्हें देख लेते हैं।" वे बोले। वे लीना की तरफ आगे बढ़े, जो बावा के पीछे अपनी जगह पर खड़ी हो गई थीं। इसके बाद उन्होंने सूती टी-शर्ट को बावा के चेहरे पर ढक दिया। लीना ने कपड़े को कसने के लिए उसकी नायलॉन की रस्सी को और अधिक कस दिया। बावा जाल में फँसे किसी जंगली जानवर की तरह संघर्ष कर रहा था। वो चिल्लाया, इधर-उधर हाथ-पाँव मारे, अपने पैरों को झटका और साहेब से खुद को छोड़ देने की गुहार लगाई।

इसके बाद लीना ऊपर तक ठंडे पानी से भरा एक बड़ा मर्तबान ले आईं। "इसे आने दो," जोसफ बोले। एक तरफ जहाँ राम बावा कुरसी से बँधा हुआ तड़प रहा था, लीना ने ठंडे पानी से भरा मर्तबान उसपर उड़ेल दिया। कुछ शुरुआती क्षण तो सुन्न करनेवाले थे और उसका दर्द तो उसके कुछ देर बाद शुरू हुआ। बावा अपने सिर के चारों तरफ लिपटी हुई टी-शर्ट के अंदर ही डूब रहा था। उसने फर्श पर इतनी जोर से अपने पाँव पटके, जो उसकी एड़ी तोड़ने को काफी थे। एक चीख की आवाज आई और लीना ने बावा के सिर पर बँधे हुए कपड़े को एक झटके से हटा दिया।

जोसफ ने उस मर्तबान को उठा लिया और मौके का संचालन अपने हाथों में ले लिया। उन्होंने बावा की कमीज में तब तक ठंडा पानी डालना जारी रखा, जब तक कि वो इतना थक गया कि उसके लिए साँस लेना भी दुश्वार हो गया। बावा लगभग बेहोश-सा हो गया, अब बात करने का समय आ चुका था और बावा को यह बात अच्छे से पता थी।

"आओ, अब हम किसी नई बात पर चर्चा करते हैं, लेकिन उन बातों से बिल्कुल अलग जो तुम हमें पहले ही बता चुके हो और जो हमारे किसी काम की नहीं हैं।" जोसफ बोले।

जोसफ ने राम बावा के हाथ खोल दिए, एक सिगरेट उसके मुँह में ठूँसी और उसे सुलगा दिया। "यह तुम्हारी मदद करेगी।" उन्होंने कहा और दोबारा अपनी कुरसी पर बैठ गए।

लकड़ी की वो पुरानी झोपड़ी अगले एक घंटे के लिए दोबारा शांति में डूब गई। बावा ने मुँह खोला। उसने टीम को वो तमाम रूपरेखाएँ उपलब्ध करवाईं, जिनकी तलाश वे कर रहे थे। विस्तृत जानकारी अब पूरी तरह से स्पष्ट होने लगी थी।

गाड़ी का आगे का दरवाजा खुला और कैप्टन जेटली ने नए कैदी को एस.यू.वी. की पिछली सीट पर पटक दिया। उसने उसे पकड़नेवाले हैंडल के साथ हथकड़ी से बाँध दिया और पोर्च में वापस पहुँच गया, जहाँ लीना और जोसफ खड़े थे। "खुलासे हुए! पानी ने उस आदमी को रेडियो की तरह बोलने पर मजबूर कर दिया।" जेटली बोला।

"आगे क्या, सर?" लीना ने जोसफ से पूछा। वो लगातार कार में बैठे बावा को देखते रहे।

"जैसे कि हम सब जानते हैं कि उसने हमें जो भी जानकारी दी है, वो काफी हद तक सच है।" जोसफ बोले।

"और मैं भी ऐसा मानने को मजबूर हूँ। मुझे भी अब कम-से-कम लीबा का मतलब तो पता है।" लीना बोली।

"वास्तव में? इसका क्या मतलब है?" जोसफ ने पूछा।

"लीबा एक पौराणिक स्त्री रूप है, एक असाधारण सौंदर्य, जिसके साथ कोई व्यक्ति सिर्फ स्वर्ग में ही मिल सकता है।" वो बोलीं। "क्या आपको खालिद की कोठरी में बनी हुई तसवीर याद है?" लीना ने पूछा।

"हाँ," जोसफ ने स्वीकृति में गरदन हिला दी।

"आखिरकार अब कहानी समझ में आ रही है।" लीना बोलीं।

जोसफ हँस दिए। यह वही हँसी थी, जो यह दिखाती थी कि जोसफ के पास कोई राज की बात है। उनकी यह मुसकराहट सिर्फ तभी आती थी, जब वे सुकोडू खेलते थे और उसमें जीतते थे।

"वो क्या है? आप किस निष्कर्ष पर पहुँचे हैं?" लीना की उत्सुकता

बढ़ गई। जेटली ने भी कान लगाकर सुनने का प्रयास किया।

बावा ने हमें एक बड़े आतंकी प्रशिक्षण शिविर के बारे में बताया, जो पाकिस्तान की जमीन पर कहीं चल रहा है, लेकिन वो अभी भी इस बात पर अड़ा हुआ है कि उसे उसका निश्चित स्थान नहीं पता है और वो सिर्फ एक मोहरा भर है, ठीक?" वे बोले, "मुझे सिर्फ इस बात की पुष्टि करनी है। पहेली का अंतिम टुकड़ा, जो मुझे परेशान कर रहा था।"

"अंतिम भाग?" लीना ने पूछा।

"आपको वो सांकेतिक शब्दों में लिखा हुआ संदेश याद है, जो मैंने आपको पहले दिन सौंपा था? उत्तर की ओर 4 कदम, पूर्व की ओर 73 कदम, हमारे 1,24,000?" जोसफ ने पूछा, जिसके जवाब में लीना ने स्वीकृति में गरदन हिला दी।

"देखो। अब हमारे पास आतंकी प्रशिक्षण शिविर का निश्चित स्थान है। 73 डिग्री पूर्व, 4 डिग्री उत्तर। 1,24,000 एक प्रतीकात्मक संख्या है, एक नाटकीय स्पर्श। यह एक बड़े हमले के लिए प्रशिक्षण पा रहे कई अभ्यर्थियों के विषय में संकेत देता है। 1,24,000 पैगंबरों की संख्या की ओर इशारा करता है···पैगंबर, हुँह!"

"अच्छा, अच्छा! फिर तो यह एक बड़ा हमला होगा!" लीना जोसफ और जेटली की ओर मुखातिब होती हुई बोलीं।

वे तीनों एस.यू.वी. में बैठकर पहाड़ी रास्ते पर नीचे उतरने लगे, जबकि जोसफ ने गृह मंत्रालय के साथ संपर्क साधा।

भारत सरकार ने गोपनीय जानकारी के आधार पर, तमाम अंतरराष्ट्रीय राजनयिक संबंधों की अनदेखी करते हुए एक बेहद साहसी कदम उठाने का फैसला किया। इस सबके ऊपर, यह एक ऐसा कदम था, जिसने इतिहास में भारत द्वारा अपनाए गए तमाम रवैयों को धता बता दिया।

ऑपरेशन 'बंदर' को हरी झंडी मिल गई। 26 फरवरी, 2019 को देर रात

के समय भारतीय वायुसेना के गोला–बारूद से भरे 12 मिराज 2000 लड़ाकू विमानों ने भारतीय सीमा के उस पार पाकिस्तान में स्थित खैबर पख्तूनवा क्षेत्र की ओर उड़ान भरी।

भारतीय लड़ाकू पक्षियों के निशाने पर सिर्फ एक ही लक्ष्य था—जैश-ए–मोहम्मद का आतंकी प्रशिक्षण शिविर। कुछ ही मिनटों में, मिराज विमानों के स्क्वाड्रन ने पाकिस्तानी वायु क्षेत्र में घुसपैठ कर ली, बम गिराए और अपने क्षेत्र में सुरक्षित वापस लौट आए।

आतंकी प्रशिक्षिण शिविर को पूरी तरह से ध्वस्त कर दिया गया और भारतीय वायुसेना का यह कारनामा अगले दिन अंतरराष्ट्रीय खबरों की सुर्खियाँ बना। पाकिस्तान बेचैन हो उठा।

इसके बाद, पाकिस्तान ने अपनी वायुसेना को चौकन्ना कर दिया। भारतीय सशस्त्र बलों ने भी अपने हवाई क्षेत्र में हवाई निगरानी और गश्त बढ़ा दी। बालाकोट के हवाई हमले के बाद, इसी दौरान, विंग कमांडर आनंद पाकिस्तान की कैद में आ गए थे।

□

15

मृत्यु और युद्धविराम

"एक असफल युद्धविराम वो होता है, जो युद्ध में लाखों लोगों की मौत के बाद लागू किया जाता है। वहीं एक सफल युद्धविराम वो होता है, जो लाखवीं मौत से एकदम पहले लागू होता है।"

"हाँ। मुझे श्रीमान राशिद से बात करनी चाहिए। अभी!" पारेख ने एक दृढ़ आवाज में कहा, जो सुननवाले के कानों पर हावी हो गई।

"जी, ठीक। एक क्षण के लिए होल्ड कीजिए, तब तक मैं कॉल को ट्रांसफर करता हूँ।" पाकिस्तानी विदेश मंत्रालय में कार्यरत महिला कर्मचारी ने धीमे स्वर में कहा। पारेख ने इंतजार किया और इस दौरान क्या बोलना है, उसकी बड़े ध्यान से योजना तैयार की। वे अंतरराष्ट्रीय प्रतिनिधिमंडलों से जुड़े लेन-देन और बातचीतों के मामले में एक विशेषज्ञ के तौर पर मशहूर थे। यह मामला उनके दिल के बेहद करीब था। वे लगातार क्लिंटन जोसफ और टीम के संपर्क में थे।

कुछ ही क्षणों में फोन के दूसरी तरफ हलचल हुई।

"सलाम वालेकुम, पारेख मियाँ! किसी पुराने परिचित से बात किए एक

लंबा अरसा बीत गया। आखिरी बार कब हुई थी…हुँह…पिछले रमजान में शायद…हा हा ? बताइए। आज आपको हमारी याद कैसे आ गई ?" दुनिया की सबसे भारी आवाज वाले व्यक्ति ने पूछा। वो व्यक्ति कोई और नहीं, बल्कि पाकिस्तान के प्रधानमंत्री के तत्कालीन सलाहकार जनरल मकदूम रशीद थे।

"सच में। काफी लंबा समय बीत गया। कैसा रहेगा, अगर मैं इस दीपावली पर आपके कार्यालय को नई दिल्ली में एक चाय पर आमंत्रित करूँ, हुँह ?" पारेख ने भी बराबर की प्रबल कूटनीति के साथ जवाब दिया। एक पल के लिए सन्नाटा छा गया।

"बेशक। मैं इस आमंत्रण का इंतजार करूँगा। हा हा।" मकदूम एक और बार हँस दिए।

पारेख सीधे काम की बात पर आना चाहते थे, लेकिन मकदूम को नाराज करने का मतलब था और अधिक देरी करना और मकदूम का गुस्सा पूरे एशिया में मशहूर था।

"मेरे दोस्त मकदूम! मुझे उम्मीद है कि आप और आपका परिवार वहाँ पर पूरी तरह से स्वस्थ होंगे। मैंने एक वजह से आपको फोन किया था। यह आनंद के बारे में है।" पारेख ने सौम्य लेकिन दृढ़ आवाज में कहा।

"आनंद ? कौन आनंद ? बॉलीवुड अभिनेता ? हा हा…मैं माफी चाहता हूँ, लेकिन मेरे पास उनसे जुड़ी कोई जानकारी नहीं है। माफ कीजिए!" मकदूम ने जवाब दिया।

पारेख समझ गए कि वो समय बेकार करना चाहता है, अब उन्होंने बातचीत को अपने हाथों में ले लिया। "हा हा। यह वाला कभी भी पुराना नहीं होगा।" पारेख बोले (हालाँकि वे इस मजाक को पूरी तरह से समझ नहीं पाए थे, क्योंकि वे मजाकिया किस्म के व्यक्ति नहीं थे)। "अरे नहीं, बॉलीवुड अभिनेता नहीं। मेरे खयाल से पायलट।" वे बोले।

"ओह ! तो वो आपका है ?" मकदूम बोले, फिर एक पल का सन्नाटा। इसके बाद पारेख ने हामी भरी। "खैर, उसका सिर्फ यही कहना है, मैं आपको

वो बताने के लिए अधिकृत नहीं हूँ। हमें नहीं पता कि वो व्यक्ति कौन है, पारेख!" मकदूम राशिद बोले और उनकी आवाज में उनके भीतर का डरावना पक्ष सामने आ रहा था।

"श्रीमान मकदूम! आप जिस भ्रम में हैं, मैं उसे अच्छे से समझ सकता हूँ। मैं आपको यकीन दिलाता हूँ; वो हमारा विभूषित अधिकारी है और हम चाहते हैं कि उसे तुरंत रिहा किया जाए।" पारेख बोले और उनकी आवाज की सौम्यता कहीं पीछे छूट गई।

"लेकिन, ऐसा तो आपका कहना है। हो सकता है कि वो मोसाद (सीक्रेट इंटेलिजेंस), सी.आई.ए. (सेंट्रल इंटेलिजेंस एजेंसी) से हो, किसे पता? हमने उसे अपने देश में इधर-उधर ऐसे ही घूमते हुए पकड़ा है, पारेख! वो हमारे लिए खतरा भी हो सकता है, अब मैं आपको भरोसा दिलाता हूँ। पाकिस्तानी न्यायालय पूरा इंसाफ करेंगे। गलती करनेवाले को दंड दिया जाएगा, अगर वो निर्दोष साबित होता है तो उसे जाने दिया जाएगा।" मकदूम इस मामले पर बातचीत के मूड में नहीं लग रहा था।

"क्या आपकी कोई शर्त है?" पारेख ने पूछा।

"शर्तें, हा हा। मेरे प्रिय भारतीय दोस्त। हम उनपर शर्त नहीं थोपते, जो हमारे नीचे दबे हुए हों…"

इस मौके पर, पारेख का सहज बोध जागृत हो गया। वे इस बात को बहुत अच्छे से जानते थे कि अगर पाकिस्तान मीडिया में भारतीय पायलट की वीडियो को प्रदर्शित करने के बाद भी बातचीत के लिए कोई शर्त नहीं रख रहा है तो वे उसकी जान ले सकते हैं। पारेख को लगा कि वे उसे दुर्घटना का रूप दे देंगे। कोई जवाबदेही नहीं, कोई विश्वसनीयता नहीं। पाकिस्तान दशकों से ऐसा ही व्यवहार करता आ रहा है।

"ठीक है, श्रीमान मकदूम! 'आपके नीचे दबे लोगों' की तरफ से एक पेशकश है, अब से कुछ ही मिनटों के बाद, पख्तूनख्वा क्षेत्र में भीतर कहीं बने हुए कुछ आतंकवादी प्रशिक्षण शिविर गुजरे हुए जमाने की बात हो जाएँगे।

भारत को अपनी किसी भी बात को ठीक ठहराने के लिए अंतरराष्ट्रीय समर्थन भी नहीं चाहिए होगा। ठीक है, पायलट को अपने पास ही रखो। ढेर सारी कब्रों को खोदने के लिए एक भारी बजट आवंटित करने को तैयार रहें।" पारेख ने बात करने के तरीके को बदलते हुए एक चिर-परिचित चेतावनीवाले लहजे को अपना लिया।

"इसके अलावा, अगर हम आपके प्रधानमंत्री की 'फ्रीलांसिंग' गतिविधियों को दुनिया के सामने उजागर कर देते हैं तो विश्व बैंक से ऋण प्राप्त करने के लिए अपनी छवि को फिर से बनाने में पाकिस्तान को एक और सदी लग जाएगी, अगर तुम्हें लगता है कि तुम अंकल सैम के सामने हाथ फैला सकते हो तो यह बात जान लो कि यू.एस.एस. निमित्ज हिंद महासागर में ही तैर रहा है और हमसे हमला करने की भीख माँग रहा है। अंकल सैम ने तुम्हें एफ-16 दिए हैं, अब उसका झुकाव भारत की मित्रता की ओर है। अपने प्रधानमंत्री को मेरी ओर से अभिवादन दें। हमारा प्रतिनिधिमंडल आपकी पसंद की जगह पर विंग कमांडर आनंद की प्रतीक्षा करेगा।" पारेख बोले, "और एक बात। हम अगले साल आपको दिल्ली में आमंत्रित करने को लेकर विचार करेंगे।" वे बोले और फोन रख दिया।

*

तहखाने का दरवाजा झटके से खुला। आनंद बैठे हुए चाय पी रहे थे और यह बरताव उसके बिल्कुल उलट था, जो उनके साथ बीते कुछ घंटों के दौरान हुआ था। वहाँ पर बड़ी-बड़ी आँखोंवाला एक भी अधिकारी नहीं था, उनसे कोई सवाल-जवाब नहीं हो रहा था और कोई उन्हें डरा-धमका भी नहीं रहा था। बावजूद इसके, आनंद के मन में दुश्मन को लेकर ऐसे विचार चल रहे थे जो सभी मौकों पर बेहद अप्रत्याशित व्यवहार करता आया था, पूरी तरह से निर्मम। उन्हें पता था कि उनका जो वीडियो शूट किया गया था, वो वास्तविक था। इसके बावजूद, उनके मन में उसे प्रसारित करने को लेकर संशय था। वे अपने मन के भीतर यह सोच रहे थे कि वीडियो को शूट करने का काम भी उनके साथ खेले जानेवाले मानसिक खेलों में से एक था। 'वे क्या चाह सकते

हैं? आखिर वीडियो क्यों?' ये तमाम सवाल उनके मस्तिष्क में आते-जाते रहे और इस बीच उन्होंने कुल्हड़ में पेश की गई चाय का अंतिम घूँट भरा।

उन्हें अपनी कोठरी की तरफ आते कई लोगों की पदचाप की आहट सुनाई दी। दरवाजा एक आवाज के साथ खुला और उसके प्रवेश द्वार पर एक बिल्कुल नया चेहरा खड़ा था। उस चेहरे के बिल्कुल पीछे एक महिला खड़ी थी।

"श्रीमान आनंद! अब आप कैसा महसूस कर रहे हैं? मुझे उम्मीद है, आप बेहतर महसूस कर रहे होंगे। मेरा नाम फवाद अल-शबाब है और मैं प्रधानमंत्री कार्यालय में सचिव के पद पर कार्यरत हूँ।" ग्रे रंग के सूट में अपने चेहरे पर मुसकान लिये हुए उस व्यक्ति ने कहा। उसका बरताव ऐसा था, जैसे वो अपने किसी पुराने सहयोगी से काफी समय बाद मिल रहा हो, एक पुराने बिसरे हुए दोस्त से।

आनंद अपने पकड़े जाने के बाद से पहली बार किसी राजनयिक को देखकर थोड़े आश्चर्यचकित हो गए थे। वे काफी लंबे समय बाद थोड़ा आरामदेह महसूस कर रहे थे।

"आप कैसा महसूस कर रहे हैं आनंद? मेरे साथ एक महिला अधिकारी आई हैं। वे पाकिस्तान में भारतीय दूतावास के साथ काम करती हैं। वे आपको एक महत्त्वपूर्ण जानकारी देने के लिए यहाँ पर आई हैं।" फवाद बोले, "इस बात की अनुशंसा की जाती है कि आप उनकी बात को गौर से सुनें, अगर मैं आपकी जगह पर होता तो उनकी बात को जरूर सुनता।" वो बोला और उस महिला को आगे आने के लिए कहा।

वो महिला कुछ कदम आगे बढ़ीं और बैठे हुए आनंद के सामने आकर खड़ी हो गईं। उनके बाल काले थे और देखने में वे एक युवा माँ लग रही थीं, उनका रंग गोरा था और उनकी हरे रंग की आँखें किसी के भी भीतर आसानी से झाँक सकती थीं। उनके होंठ कीमती लाल रंग के टुकड़े जैसे थे और उनका चेहरा प्रसिद्ध ईरानी सुंदरियों के समान था। उन्होंने आनंद से पूर्ण महिलावाले स्वर में बात की।

"नमस्कार। मेरा नाम तरन्नुम कौर है। मैं पाकिस्तान स्थित भारतीय दूतावास में विदेश संबंध अधिकारी हूँ। मैं पाकिस्तान में आपकी स्थिति के बारे में आपसे बात करने के लिए यहाँ आई हूँ।"

"अच्छा है। बेहद खुशी की बात है। क्या मैं आपका परिचय पत्र देख सकता हूँ, कृपया ?" आनंद ने पूछा। उन्होंने अपने कोट की जेब से निकालकर परिचय पत्र आनंद को दिखाया। कुछ क्षणों तक उसकी ओर घूरने के बाद आनंद बोले, "हम्म, बिल्कुल ठीक लग रहा है। हा हा। तो यहाँ पर क्या चल रहा है ? आप मुझे पूरी बात बता सकती हैं।"

*

पूरी तरह से उत्सव जैसा माहौल था। वाघा सीमा पर अपना सिर ऊँचा किए हुए सीमा पर गश्त करनेवाली सीमा गश्ती इकाइयों के गार्ड खड़े हुए थे। उस जगह ने काफी लंबे समय में इतनी बड़ी संख्या में टी.वी. पत्रकारों, स्वतंत्र पत्रकारों, दर्शकों, सुरक्षा बलों और अंतरराष्ट्रीय प्रतिनिधिमंडलों को नहीं देखा था। हवा में तनाव का हलका सा संकेत था, लेकिन वो भी बेहद आश्चर्यजनक तरीके से आजादी के भाव से भरा हुआ था।

प्रत्येक क्षण, हर किसी की आँखें वाघा बॉर्डर के दूसरी ओर टिकी हुई थीं। पाकिस्तान ने कुछ ही घंटे पहले विंग कमांडर आनंद को बिना किसी शर्त के छोड़ने की घोषणा की थी। वो पल पूरे देश के लिए दीपावली के त्योहार से जरा भी कम नहीं था।

आनंद के स्क्वाड्रन के अगुआओं का एक पूरा दल अपनी पूरी वरदी में आई.ए.एफ. के प्रवक्ताओं के साथ वहाँ पर मौजूद था।

"पाकियों ने अपने आप को कुछ और काबूम-काबूम से बचा लिया।" स्क्वाड्रन लीडर परम ने आनंद के आने का इंतजार कर रही टीम के साथ मजाक किया।

"बिल्कुल ? एयर मार्शल कभी भी एक्सफिल मिशन को हरी झंडी नहीं

देते।" मृत्युंजय ने निराशा भरे स्वर में कहा। विंग कमांडर रुस्तम पानीवाला उन युवा अधिकारियों की बातों को सुनने के अलावा और कुछ नहीं कर सकते थे। वे उनके द्वारा एयर मार्शल के सामने रखे गए 'प्रस्ताव' से पूरी तरह से वाकिफ थे।

रुस्तम ने घूमकर लड़कों की ओर देखा। "स्क्वाड्रन लीडर मंडल! आपको व्यवस्था और उसके प्रोटोकॉल का सम्मान करना चाहिए।" वे बोले।

"हमारे पास किसी भी आकस्मिक स्थिति में बचाव कार्य को करने के लिए भारतीय जलसेना पूरी तरह से तैयार थी।" रुस्तम बोले। "आनंद सिर्फ आपके लिए ही मूल्यवान नहीं है। वो एक राष्ट्रीय संपत्ति है।"

कश्मीर का दृश्य, लीना ने टेलीविजन चालू किया। जोसफ वहीं सोफे पर बैठे रहे। लीना ने उन्हें मार्लबोरो का पैकेट पेश किया।

"मुझे लगता है कि मैं इन्हें काफी पी चुका हूँ। मैं इन्हें छोड़ता हूँ।" वे बोले।

एक पल को तो लीना भौचक्की रह गईं। वो मुसकराईं और बोलीं, "अरे वाह! मुझे लगता है कि आप एक आदमी को अच्छे से जानते हैं, हुँह।" उन्होंने क्लिंटन जोसफ के लिए अच्छा महसूस किया।

उन्होंने टी.वी. की आवाज को और अधिक बढ़ा दिया और समाचारवाचक ने घोषणा की—"विंग कमांडर आनंद अब वाघा सीमा से एल.ओ.सी. के भारतीय क्षेत्र की ओर आ रहे हैं। प्रारंभिक रपटों का दावा है कि वे बिल्कुल स्वस्थ दिखाई दे रहे हैं और कुछ ही क्षणों में, आई.ए.एफ. उनकी अगवानी करेगी।"

"आइए, एक कप कॉफी पीते हैं," लीना ने प्रस्ताव दिया।

"मैं इस समय उस बेहतरीन इंग्लिश मॉल्ट के बारे में सोच रहा था, जो दत्ता ने हमें दी थी।" जोसफ बोले।

□

16

घर वापसी पर आपका स्वागत है!

एक ऐसा सार्वजनिक व्यक्तित्व होता है, जिसे हम बनाए रखते हैं और हमारा एक व्यक्तिगत पक्ष भी होता है। ऐसा भी हो सकता है कि हम सार्वजनिक रूप से कुछ ऐसे काम करने का प्रयास करते हों, ताकि लोग हमारे बारे में एक निश्चित छवि बना सकें। कुछ लोगों को दूसरों को शक्तिशाली लोगों के साथ अपने संबंधों की डींग मारने की आदत होती है, किसी राजनेता के साथ या फिर किसी शक्तिशाली अधिकारी के साथ या फिर ऐसे ही किसी और के साथ। कुछ लोग यह प्रदर्शित करने का प्रयास करते हैं कि वे अपने जीवन में कितने सफल हैं। कई लोग 'सफलता कोच' बनने को ही अपना कॅरियर बनाते हैं। जाहिर सी बात है कि अगर आप किसी को यह सिखाना चाहते हैं कि जीवन में कैसे सफल होना है तो निश्चित ही आपको पहले दूसरों को यह विश्वास दिलवाना होगा कि आप अत्यधिक सफल हैं। अधिकांश मौकों पर, ऐसे अनुमान एक मृगतृष्णा होते हैं, अगर सफल होने का कोई सूत्र होता तो, हर कोई उस सूत्र को अपना लेगा और जीवन में सफल हो जाएगा। गुरु अकसर जिस रहस्य का खुलासा करने का वादा करते हैं और यह भी कि उस सूत्र का पालन करके सिर्फ बहुत कम लोग ही सफल हो पाते हैं। यह पूरी तरह से विरोधाभासी है, अगर ऐसा करने का कोई सूत्र है तो हर कोई उसे अपनाने के काबिल होना चाहिए, अगर सिर्फ चुनिंदा लोग ही

सफल हो पाते हैं तो हो सकता है कि वे किसी कोच की मदद से या उसकी मदद के बिना ही सफल हुए हों।

आनंद ने उन विभिन्न धार्मिक हस्तियों और बाबाओं के बारे में सोचा, जिनकी संख्या भारत में दिनोंदिन बढ़ती जा रही थी। इनमें से कई जेल में पहुँच गए और कुछ मंचों पर आकर और भी अधिक लोगों को मूर्ख बना रहे हैं। मनुष्य के भीतर कुछ ऐसा मौजूद है, जिसे किसी ऐसे व्यक्ति की तलाश होती है, जो उसके तमाम सवालों के जवाब और समाधान पेश कर सके, जिसके चलते जनोत्तेजक राजनेताओं, धार्मिक प्रवचन देनेवालों और व्यापार करनेवाले धोखेबाज व्यापारियों के लिए गुंजाइश बन जाती है, जो कुछ ही महीनों में आपकी संपत्ति को दोगुना या फिर चौगुना करने का झाँसा देते हैं।

पाकिस्तान द्वारा आनंद को वाघा सीमा पर छोड़े जाने के बाद, वे प्रशंसकों की बढ़ी हुई संख्या के साथ अपने घर चले गए। वे जब घर से बाहर होते तो एक भावहीन चेहरा बनाए रहते। प्रारंभिक चिकित्सा जाँचों के लिए रिसर्च एंड रेफेरल हॉस्पिटल पहुँचने के बाद ही वे अपने माता-पिता, नंदिनी और अपने बच्चों से मिले। हर किसी ने अपनी भावनाओं पर काबू बनाए रखा, क्योंकि वहाँ पर कई लोग मौजूद थे और निजता का माहौल नहीं था।

आनंद और नंदिनी ने एक पल के लिए आपस में आँखें मिलाईं और एक संक्षिप्त मुसकराहट साझा की, जिससे दोनों को इस बात का इत्मीनान हो गया कि सबकुछ ठीक हो जाएगा। दोनों को ही इस बात का अच्छे से पता था कि पति और पत्नी के बीच होनेवाले विस्तृत 'संवाद' में अभी कुछ और समय लगनेवाला है।

आनंद उनमें से नहीं थे, जो अपनी भावनाओं का प्रदर्शन सार्वजनिक रूप से करें और वैसे भी वायुसेना के अधिकारियों को दबाव के क्षणों में खुद को शांत बनाए रखने का प्रशिक्षण दिया जाता है।

आनंद और नंदिनी के मामले में, दोनों ही पायलट थे और किसी

वास्तविक संकट आने के मामले में उनकी आधार रेखा आम लोगों के मुकाबले थोड़ी अलग थी। वे उनमें से नहीं थे, जो जल्द ही चिंता में पड़ जाएँ, जैसे कि बेंगलुरु या फिर चेन्नई के ट्रैफिक में आड़े-टेढ़े चलते वाहनों के बीच।

कुछ बात करनेवाले होते हैं और कुछ लोग करके दिखानेवाले होते हैं। आनंद जैसे उड़नेवाले करनेवालों के समूह से ताल्लुक रखते थे। इन एविएटरों को अपनी जीत का प्रदर्शन करने का आदेश नहीं होता है और ऐसा नील आर्मस्ट्रांग, माइकल कॉलिन्स और बज एल्ड्रिन जैसे एविएटर्स के लिए भी है।

यह फुटबॉल के मैदान, क्रिकेट के मैदान और अन्य जगहों पर खिलाड़ियों द्वारा प्रदर्शित किए जानेवाले हाव-भावों से काफी उलट है।

आनंद अप्रत्याशित रूप से जनता की नजरों में चढ़ गए थे।

जैसा कि स्पष्ट होता है, दुनिया के सामने आनेवाली परेशानियों को दूर करनेवाली कोई जादू की छड़ी नहीं है और न ही कोई जादुई रास्ता है। आनंद इस बात को समझ गए और उस प्रगति को भी, जो हमारी सभ्यता ने की है। हम एक ऐसी दुनिया में रहते हैं, जो एक सदी पहले की दुनिया से कहीं अधिक बेहतर है। मनुष्य को धरती पर कदम रखे करीब 2,00,000 साल हो चुके हैं, जिसमें से दर्ज किया गया इतिहास सिर्फ कुछ सौ सालों के आसपास का है। हमारे अधिकांश इतिहास के दौरान मनुष्य शिकार करके अपना पेट भरनेवाला था। यह कोई बहुत पुरानी बात नहीं है, जब मानव ने कृषि और खेती करना और खाना पकाना और समुदायों में रहना सीखा है। उन्होंने राष्ट्रों का गठन किया और पहचान और निष्ठा को विकसित किया और साथ ही उन पहचानों और निष्ठाओं के लिए युद्ध करना सीखा। जानवरों के बीच एक बात बिल्कुल अलग होती है, कोई और जानवर खुद को नागरिकता के आधार पर परिभाषित नहीं करता है। यह मनुष्य की ही पहचान और क्षमता है कि वो अमूर्त अवधारणाओं का निर्माण करता है और ऐसा करना अधिकांश मौकों पर अच्छा होता है और कभी-कभी बुरा। आखिरकार, हम एकमात्र

ऐसी प्रजाति हैं, जो ब्रह्मांड में अपनी जगह के बारे में सोचना और संदेह करना जानती है और आश्चर्य करती है कि यह सब कहाँ से आया या यह सब कैसे हुआ। हम सोचते हैं कि जीवन का अंतिम अर्थ क्या है। कोई और जानवर ऐसा नहीं करता।

समय एक आकर्षक अवधारणा थी और गहन समय के बारे में पढ़ना और सोचना आनंद का पसंदीदा शौक था। आनंद का मानना था कि वैज्ञानिक विचारों और वैज्ञानिक अवधारणाओं को गणित का उपयोग किए बिना एक गैर-तकनीकी भाषा में व्यक्त किया जा सकता है और फिर प्रत्येक शिक्षित व्यक्ति को यथासंभव नवीनतम वैज्ञानिक विकास के साथ खुद को परिचित करने का प्रयास करना चाहिए।

ऐसा नहीं है कि आनंद ने यह सोचा हो कि वो एक भौतिक विज्ञानी या प्रोफेसर या अकादमिक के रूप में बेहतर होता।

□

17

डॉमिनो राज्य

"किसी भी देश की अखंडता उसके राज्यों की अखंडता में निहित है। एक कमजोर कड़ी इस सबको तार-तार कर सकती है।"

कुछ सप्ताह बाद

उम्र के चालीसवें पड़ाव से गुजर रही महिला, जो अपनी उम्र यह काफी युवा प्रतीत हो रही थीं, अपने हाथ में चाय की तश्तरी लिये हुए पारेख के पीछे खड़ी थीं। उन्होंने एक नजर उस व्यक्ति की ओर डाली, जिनके साथ शादी किए हुए उन्हें 27 साल गुजर चुके थे और फिर उसके बाद टेलीविजन की स्क्रीन और उस अखबार की ओर देखा जो छत के पंखे की हवा से उड़ जाने को तैयार था। पारेख नींद में थे, वो ख्वाबों की दुनिया में खोए हुए थे। उनकी पत्नी को उनके चेहरे के हाव-भाव बेहद पसंद आए और वे उन्हें आराम करते देख काफी राहत महसूस कर रही थीं। उन्होंने तश्तरी को उस मेज पर रख दिया, जिसपर पारेख ने अपने पाँव टिकाए हुए थे। इसके बाद उन्होंने बेहद सावधानी के साथ अपने पाँवों को उस मेज के नीचे टिकाया और हौले से उनके पैरों को सहलाया। पारेख जाग गए, डिम्पी के चेहरे को पहचाना और मुसकरा दिए।

डिम्पी ने उस सोफे के नजदीक अपनी कुरसी टिका ली और उनकी तरफ देखती रहीं।

"क्या हुआ?" पारेख ने थोड़ा शरमाते हुए पूछा और चाय का कप अपने हाथों में उठा लिया।

डिम्पी मुसकराईं और बोलीं, "मुझे याद नहीं आ रहा कि मैंने अंतिम बार कब आपको शांतचित्त देखा था, अब मैं आराम से रह सकती हूँ, हुँह!"

पारेख ने चंचलता से सहमति में अपना सिर हिलाया और एक भी शब्द न बोलने का फैसला किया, लेकिन फिर भी उन्होंने बोल ही दिया, "जिगना कहाँ है?" उन्होंने पूछा।

"भगवान् का शुक्र है! आपको कम-से-कम अपनी बेटी का नाम तो याद है!" डिम्पी के मजाक ने उनकी हँसी को और अधिक बढ़ा दिया। पारेख को अपनी पत्नी का नखरे दिखाना, ताने मारना और अपनी माँगों को मनवाने का तरीका हमेशा ही पसंद था, अगर वे नहीं होतीं तो वे कब के अपने जीवन को अलविदा कह चुके होते।

"मुझे अपने बच्चों के नाम पता हैं। मैं तुम्हारे लिए कम-से-कम इतना तो कर ही सकता हूँ।" उन्होंने मजाक किया। डिम्पी ने तकिया उनकी तरफ उछाल दिया।

"वो अपनी एरो-मॉडलिंग की कक्षाओं के लिए बाहर गई हुई है।" डिम्पी ने कहा। उन्होंने अचानक उनके पैरों को अपने कोमल और गोरे पैरों से छेड़ना शुरू कर दिया।

"आज रात के लिए डेट की योजना है?" उन्होंने पूछा।

पारेख ने उनकी आँखों में देखा, चाय के कप को कोने पर रखा और उन्हें अपने और नजदीक खींच लिया। "प्रिये···" वे बस शुरू ही हुए थे कि तभी उनके फोन की घंटी बज उठी।

उनकी नजरों का संपर्क टूटा नहीं था और पारेख ने फोन उठा लिया। एक हाथ से डिम्पी को थामे और दूसरे में फोन को, वे बोले, "हैलो।"

"जय हिंद, श्रीमान पारेख! मैं गोपेश्वर बोल रहा हूँ।" दूसरी ओर मौजूद व्यक्ति बोला।

"हाँ, गोपेश्वर! मैं आपके लिए क्या कर सकता हूँ?"

"सर, प्रधानमंत्री कार्यालय में आपात बैठक। आज दोपहर 12.30 बजे।"

"क्या···से संबंधित है?"

"मैं पूरी तरह से पक्का नहीं हूँ। यह अति-गोपनीय है।"

"ठीक है। मैं वहाँ पहुँच जाऊँगा।" पारेख ने यह कहते हुए कॉल काट दी और डिम्पी को एक आवेशपूर्ण चुंबन दिया।

"आप भी कभी समझदार नहीं होंगे, क्या आप हो सकते हैं?" डिम्पी ने मुसकराते हुए उनसे पूछा। पारेख ने गरदन हिलाई और उन्हें बैठक के बारे में बताया, जो अबसे तीन घंटे बाद होनेवाली थी।

"अच्छा होगा कि अब आप तैयार हो जाएँ।" डिम्पी ने एक जरूरतमंद बालक की तरह उनकी तरफ देखते हुए कहा, जो किसी भी सूरत में उन्हें जाने नहीं देतीं।

*

प्रधानमंत्री कार्यालय, 7-रेसकोर्स रोड, नई दिल्ली

काले रंग का लोहे का भारी दरवाजा खुला और स्पेशल प्रोटेक्शन ग्रुप के चार अधिकारियों ने पारेख के वाहन को स्कैन किया। पी.एम. हाउस के चारों तरफ की चारदीवारी आठ फीट ऊँची थी और उसके प्रत्येक कोने पर टावर बने हुए थे, जिनपर चौबीसों घंटे सुरक्षाकर्मी तैनात रहते थे। भारत निर्मित उस

काले रंग की सिडान ने मोटे-से-मोटे कवच को भेदनेवाली बंदूकों के साए में दरवाजे के भीतर प्रवेश किया।

कुछ और कारों ने प्रवेश किया और मुख्य द्वार को जल्द ही सील कर दिया गया। पी.एम.ओ. के मुख्य द्वार पर शांति एक दुर्लभ दृश्य है, जो अन्यथा हर समय फोटोग्राफरों की निगरानी में रहता है। ऐसा प्रतीत होता था कि कुछ चुनिंदा लोगों को ही उस बैठक में आमंत्रित किया गया था और वे सब अंदर पहुँच चुके थे।

जैसे ही आमंत्रित प्रतिनिधिमंडल ने भीतर प्रवेश किया, प्रधानमंत्री के व्यक्तिगत सचिव श्रीमान रेहान दारूवाला उनकी अगवानी करके उन्हें सम्मेलन कक्ष की ओर ले गए। सम्मेलन कक्ष में एक बड़ी अंडाकार मेज पड़ी थी, जिसपर एक बार में 30 लोग आयोजित हो सकते थे। प्रत्येक के लिए नीली गद्दीवाली एक कुरसी, एक पानी की बोतल, एक हेडसेट और एक माइक्रोफोन लगा हुआ था। प्रत्येक कुरसी पर पहचान के लिए पद के साथ नाम पट्टिका लगी हुई थी, ताकि यह सुनिश्चित हो सके कि किस कुरसी पर कौन बैठा है।

प्रतिनिधिमंडल ने जल्द ही कॉन्फ्रेंस मेज पर अपना-अपना स्थान ग्रहण कर लिया। दारूवाला ने प्रोजेक्टर की स्क्रीन चालू कर दी और एक घोषणा की—"प्रधानमंत्री ठीक पाँच मिनट में हमारे साथ होंगे। श्रीमान क्लिंटन जोसफ इस बैठक का नेतृत्व करेंगे।"

पारेख ने चारों ओर देखा और उन्हें सभी परिचित चेहरे दिखाई दिए। इससे पहले कि समूह आपस में बातचीत कर पाता, पी.एम. कमरे में आ गए।

प्रधानमंत्री ने भीतर आते हुए किसी के चेहरे की तरफ नहीं देखा और शांति के साथ अपने निर्धारित स्थान पर बैठ गए। "सज्जनो!" उन्होंने सबका अभिवादन किया। उस समय तक उनका करिश्माई आचरण और चमकता हुआ चेहरा पूरे कमरे में महसूस किया जा सकता था और उनके सैनिक पहले से ही पूरी तरह से चौकस और सावधान बैठे थे।

"आप बातचीत शुरू कर सकते हैं, जोसफ!" प्रधानमंत्री बोले। जोसफ अपने स्थान पर खड़े हुए, अभिवादन करने के लिए सबकी आँखों में देखा और शुरू हो गए।

"समय पर यहाँ आने के लिए आप सबका धन्यवाद। मामला अतिआवश्यक है।" उन्होंने अपनी उँगलियों से छोटे से रिमोट को हिलाते हुए प्रोजेक्टर स्क्रीन की ओर बढ़ते हुए कहा।

"हालिया राष्ट्रीय घटनाओं की यादें हमारे दिमाग में ताजा हैं। इसीलिए हमारे प्रधानमंत्री और उनके सलाहकारों ने एक प्रस्ताव रखा है।" वे बोले।

कमरे में मौजूद प्रत्येक आँख और कान जोसफ की ओर केंद्रित थे।

जोसफ ने पी.एम. की ओर ऐसे देखा जैसे वे उनकी मंजूरी माँग रहे हों। इसके बाद वे बोले, "विचार जम्मू-कश्मीर को भारतीय संविधान के प्रत्यक्ष नियंत्रण में लेने का है।"

पूर्ण शांति से भरे अगले कुछ क्षण हैरानी और सवालिया चेहरों से भरे हुए थे। प्रस्तावकों को ऐसा ही कुछ होने की उम्मीद भी थी।

"मुझे पता है कि आपके जेहन में सवाल उठ रहे हैं। आइए, उनका समाधान करते हैं।" जोसफ बोले।

संस्कृति और स्वदेशी विकास मंत्री शक्ति देवेगौड़ा ने बाचतीत को अपने एक संदेह के जरिए बाधित किया।

"मुझे नहीं लगता कि हम अनुच्छेद 370 के मामले में कुछ कर सकते हैं। यह एक संवैधानिक अनुच्छेद है, जो जम्मू-कश्मीर को एक स्वायत्त राज्य की शक्ति प्रदान करता है।"

अल्पसंख्यक आयोग के अध्यक्ष अरशन सुलेमानी ने भी अपनी राय रखी कि ऐसे किसी कदम की जरा भी आवश्यकता नहीं है। कुछ अन्य लोगों ने भी उनके विचार का समर्थन किया। जोसफ अपने स्थान पर खड़े सबकी बात सुनते रहे और उन लोगों के थोड़ा धैर्य रखकर पूरे प्रस्ताव को सुनने की

प्रतीक्षा की, हालाँकि कुछ लोगों ने चुप रहना ही बेहतर समझा।

प्रधानमंत्री की छाया अपने स्थान से खड़ी होती हुई दिखाई दी। एक ही क्षण में सारी कानाफूसी और भ्रम काफूर हो गए। अब सबकी आँखें उनपर ही टिकी थीं। "सज्जनो!" वे बोले, "पहले जरा उसे तो सुन लेते हैं, जो जोसफ कहनेवाले हैं। मैंने कभी सोचा भी नहीं था कि अनुच्छेद 370 को हटाने के दौरान जरा भी विरोध होगा। इसके बावजूद, कृपया जोसफ को अपनी बात पूरी करने दें।"

सुलेमानी इस विचार से थोड़े उत्तेजित लग रहे थे। विरोध करनेवाले बाकी के वरिष्ठ अब बिल्कुल चुप थे।

"तो जैसा कि मैं कह रहा था," क्लिंटन जोसफ ने अपनी बात आगे बढ़ाई। "हमारी योजना 370 को निरस्त करने और राज्य में संवैधानिक व्यवस्था लागू करने की है, अब आपके सवाल…"

"क्या हमने राज्य के निवासियों से इस विषय पर बात की है? क्या वे 370 को हटाने के पक्ष में हैं?" सुलेमानी के विरोधी स्वर खुलकर सामने आने लगे।

"और विद्रोहियों के बारे में क्या? क्या हमें नहीं पता कि उन लोगों की वफादारी किसके प्रति है!" देवेगौड़ा बोले।

"वे लोग?" प्रधानमंत्री अपनी आँखों से चश्मा हटाकर उसे मेज पर रखते हुए बोले। "वे हमारे अपने लोग हैं, श्रीमान देवेगौड़ा और वे पूरी तरह से असुरक्षित हैं, वो भी राज्य की स्वायत्तता के चलते।"

यह बिल्कुल ऐसा था, जैसे समूह के शीर्ष नेता ने देवेगौड़ा की निंदा कर दी हो और बाकी के लोग उन्हें घूरकर देख रहे हों। देवेगौड़ा ने मौन की बाँहों में शरण लेना ही उचित समझा।

सुलेमानी ने अपनी बात को सामने रखने के लिए इस नाजुक स्थिति का फायदा उठाने का फैसला किया।

"लेकिन माननीय प्रधानमंत्रीजी, अनुच्छेद 370 को निरस्त करके हमारे किस उद्देश्य का समाधान होगा? मेरा कहने का मतलब है कि हम जम्मू-कश्मीर सरकार को निर्देशित करने के लिए दबाव समूहों का इस्तेमाल कर सकते हैं। हमारे पास वहाँ सेना की खासी मौजूदगी है, और…"

"श्रीमान सुलेमानी," प्रधानमंत्री की आवाज ने उनकी आपत्ति को खत्म कर दिया। "जम्मू-कश्मीर सिर्फ गौरव की ही बात नहीं है। लोगों को वहाँ पर केंद्र सरकार के शासन की आवश्यकता है। भारतीयों ने आजीवन वहाँ पर अत्याचारों का सामना किया है। वे धर्म, समुदायों, उग्रवाद, भय, मानव अधिकारों और देशभक्ति के बीच फँस गए हैं। हम वहाँ रह रहे अपने लोगों को इसे और अधिक सहने नहीं दे सकते।"

सम्मेलन कक्ष में पूरी तरह से सन्नाटा छा गया।

जोसफ ने मौके का फायदा उठाया और प्रधानमंत्री के तर्क का समर्थन करना जारी रखा। "यह कुछ करके दिखाने का समय है, सज्जनो! अनुच्छेद 370 एक बहुत बड़ी गलती थी, अब उस गलती को सुधारने का समय आ गया है।"

"गलती?" सुलेमानी ने आपत्ति की।

"जी हाँ, एक गलती। क्या आपको ऐसा नहीं लगता कि एक अलग प्रभुतावाले राज्य के चलते भारतीय और कश्मीरी पहले ही अलग हो चुके हैं? क्या आपको नहीं लगता कि प्रत्येक भारतीय को राज्य में बिना किसी अवरोध के घूमने, जायदाद खरीदने और अर्थव्यवस्था को बढ़ावा देने के लिए व्यापार करने की अनुमति होनी चाहिए? क्या आप नहीं चाहते कि कश्मीरी युवा तेजी से प्रगति कर रहे मुख्यधारा के भारत का हिस्सा बनें? और सबसे महत्त्वपूर्ण बात, क्या आपको नहीं लगता कि जम्मू-कश्मीर के निवासी किसी अन्य भारतीय की तरह ही मानव अधिकारों और स्वतंत्रता के हकदार हैं?" जोसफ ने प्रोजेक्टर के सामने की ओर टहलते हुए कहा।

"मुझे लगता है कि आप लोग पहले ही आंतरिक विश्वास मत बनाकर

आए हैं।" गोपेश्वर ने पूरी बातचीत को थोड़ा हलका करने को मजाकिया लहजे में कहा।

"जोसफ, कृपया इन सज्जनों को योजना के निष्पादन के विषय में पूरी जानकरी दीजिए। राष्ट्रपति के आदेश के साथ विधेयक जल्द ही पारित कर दिया जाएगा। आप लोग इस बात को जितना अधिक समय तक हो सके, उतना अधिक समय तक गोपनीय बनाकर रखें।" प्रधानमंत्री खड़े होकर खिड़की के बाहर अपने हरे-भरे बागीचे को निहारते हुए बोले।

□

18

युद्ध और स्वतंत्रता

"युद्ध बहुत महँगे पड़ते हैं। स्वतंत्रता अमूल्य है और यही सबसे बड़ी दुविधा है।"

अगस्त 2019

वो एक बेहद भव्य कमरा था, बिल्कुल एक औपनिवेशिक राजघराने के कमरे जैसा। वो कमरा इतना बड़ा था कि उसमें आराम से सबसे उत्तम फर्नीचर, प्राचीन वस्तुएँ, दुर्लभ पेंटिंग और शिकार-ट्रॉफियाँ रखी जा सकती थीं। दीवारों पर की हुई सजावट से एक शानदार जीवंतता प्रतीत होती थी, जो दिल्ली में बैठे अमीरों को शर्मसार करने के लिए काफी थी। किसी बाहरी व्यक्ति को, एक क्षण में ही यह बात स्पष्ट हो जाती कि यह स्थान किसी ऐसे व्यक्ति या फिर परिवार से ताल्लुक रखता है, जो आनंदमय जीवन को जीने के लिए जाने जाते हैं।

खूनी लाल रंग के जड़े हुए सोफे पर, जिसके किनारों पर सुनहरी रंग की कढ़ाई की गई थी, पर धार्मिक हिजाब से अपना सिर ढके एक महिला बैठी थी, जिसके कपड़े गहरे रंग के थे, काले काजल ने उसकी बड़ी आँखों को और भी आकर्षक बना दिया था और उसका चेहरा ताजे निकले हुए दूध जैसा

गोरा था। उस कमरे के प्रवेशद्वार पर दो पठान पहरेदार बैठे हुए थे और उनके कंधों से ए.के.-47 बंदूकों को लटकते हुए देखा जा सकता था।

उस महिला का मोबाइल फोन बजा। उसने एक क्षण के लिए स्क्रीन पर नजर दौड़ाई, धीमी साँस ली और स्क्रीन के हरे बटन को स्वाइप कर दिया। "हम्म," उस महिला ने आवाज की।

"सलाम-वालेकुम," फोन के स्पीकर पर दूसरी ओर से एक बुजुर्गियत भरी आवाज सुनाई दी।

"अब क्या हुआ?" वो महिला अपने स्थान से उठ खड़ी हुई और उस चौखट की ओर बढ़ गई, जो सुबह की ओस से सराबोर देवदार के पेड़ों तथा जेनिफर और उसके बीच खड़ी थी।

"आपकी सरकार ने हमारे सेटअप के साथ छेड़छाड़ की है। आप अभी भी एक पक्ष नहीं ले पा रही हैं और आप पूछ रही हैं कि अब क्या हुआ? हुँह!" वो बुजुर्ग आवाज बोली। वो महिला चुप रही और खिड़की के बाहर देखती रही।

"मियाँ, मैं इस जगह को आप और आपके पुरखों के मुकाबले कहीं अच्छे से जानती हूँ। इंशा-अल्लाह, मुझे वो करने दीजिए, जो मुझे मुनासिब लगता है।" वे बोलीं।

"हा हा हा, मुफ्ती बीबी, मैं आपके दिलो-दिमाग की गहराइयों को बहुत अच्छे से समझता हूँ। मुझे उम्मीद है कि⋯" और वे चुप हो गए।

"हैलो, हैलो," बीबी नफीसा मुफ्ती ने दोबारा संपर्क करने की कोशिश की। "हैलो, अका⋯ हैलो," वो बेचैन हो गईं, क्योंकि मोबाइल फोन पर आवाज आनी बंद हो गई थी।

उन्होंने गुस्से में अपने दाँतों को पीसते हुए मोबाइल फोन को मेज पर फेंका और कमरे के भीतर चली गईं। एक पहरेदार ने उनके मोबाइल फोन को उठाया, उसका निरीक्षण किया और उसे काँच की मेज पर वापस रख दिया।

अचानक ही उस महिला ने उस पहरेदार को भीतर बुलाया। वो दौड़कर कमरे के भीतर गया। बीबी मुफ्ती वहाँ पर खड़ी टी.वी. की स्क्रीन को टकटकी लगाए देख रही थीं। वे उसकी तरफ मुड़ीं और उनका चेहरा गुस्से से तमतमा रहा था।

"तुम देख क्या रहे हो मूर्ख," वे गुस्से से बोलीं। आदम खान वहाँ अदब से सिर झुकाए खड़ा था। "जाओ और जाकर देखो कि टी.वी. काम क्यों नहीं कर रहा है?" नफीसा बीबी चिल्लाईं। आदम खान ने सिर झुकाया और वहाँ से चला गया।

अचानक ही रुकी हुई टी.वी. स्क्रीन चालू हो गई और नीले रंग की स्क्रीन आ गई। टी.वी. की स्क्रीन पर एक लिखा हुआ टिकर आ रहा था। यह एक आपातकालीन प्रसारण है। आपके क्षेत्र की तमाम संचार सेवाएँ अस्थायी रूप से निलंबित कर दी गई हैं। शांति बनाए रखें। स्थानीय अधिकारी और सरकार आपकी सहायता करेंगे।

ऐसा लग रहा था, जैसे नफीसा मुफ्ती के पैरों को लकवा मार गया हो। उनके शरीर की प्रत्येक मांसपेशी तनाव महसूस कर रही थी और उनके मन में उनके ही राज्य में एक ऐसे परिवर्तन की आहट सुनाई दे रही थी, जिसके बारे में उन्हें ही जानकारी नहीं थी। वो राज्य जिसपर उन्होंने एक दशक से भी अधिक समय तक मुख्यमंत्री के रूप में शासन किया, अब एक अज्ञात शक्ति के प्रभाव में चला गया था, हालाँकि नफीसा बीबी उस शक्ति के बारे में बहुत अच्छे से जानती थीं।

उन्होंने खुद को शांत किया, ड्राइंगरूम की तरफ बढ़ीं और सुरक्षाकर्मियों को कार तैयार करने को कहा। इसके बाद नफीसा ने घड़ी की कैबिनेट के ऊपर रखे चाय के कपों के सफेद सेट के पीछे रखे सेटेलाइट फोन को निकाला। उन्होंने बेहद गुस्से में, उस फोन की मेमोरी में सेव करके रखे गए इकलौते नंबर को डायल किया।

"सलाम, दिलशाद," वे बेहद उत्तेजित स्वर में बोलीं, "दिलशाद, क्या तुम वहाँ हो?"

कुछ क्षणों की चुप्पी के बाद, दूसरी ओर से आवाज आई। "वालेकुम-अस्सलाम, बीबी।" वो व्यक्ति बोला। वो आवाज एक कश्मीरी युवा आदमी की थी।

"क्या आपको पता है कि क्या हो रहा है?" नफीसा ने पूछा।

"मुझे भी सिर्फ उतना ही पता है, जितना आपको पता है। इसके अलावा मुझे भी कुछ अंदाजा नहीं है, बीबी।" दिलशाद बोला।

"मोबाइल फोन, टीवी, इंटरनेट, सब बंद…" नफीसा बेचैन हो गईं।

"जमाल ने मुझे बताया कि उसने रात को शहर के प्रवेशद्वार पर कुछ हलचल देखी।"

"क्या हलचल, मूर्ख?" उन्होंने पूछा।

"सेना, बीबी, सेना, यहाँ पर हिंदुस्तानी फौजें।" दिलशाद बोला।

"नहीं, ऐसा नहीं हो सकता। मैं मुख्यमंत्री हूँ और केंद्र सरकार की ओर से मुझे कोई खबर नहीं, कोई सूचना नहीं।" नफीसा मुफ्ती बोलीं।

"मुझे सिर्फ इतना ही पता है, जितना मैं आपको बता रहा हूँ।"

"अल्लाह, क्या पक रहा है? दिलशाद, अब नियंत्रण अपने हाथों में लेने का समय आ गया है।" वे बोलीं।

"हुकुम, नफीसा बीबी!"

"आपके लड़के कितनी तेजी से काररवाई कर सकते हैं?"

"एक पल के नोटिस पर बीबी!"

"मैं चाहती हूँ कि उनमें से प्रत्येक अपने क्षेत्र को कवर कर ले। उन्हें खुली छूट दे दो। पत्थर, आग, गोलियाँ, चाहे जो कुछ भी हो। समझ गए?"

"खुली छूट? लेकिन बीबी, अगर उनका सामना फौज से होता है तो?"

"उनसे कहो कि वे अपने स्मार्टफोन पर सबकुछ रिकॉर्ड करें। वे दमन

के सबूत के तौर पर जितने अधिक वीडियो तैयार कर सकें, उतना बेहतर रहेगा। मैं अब एक भी 'यदि' या 'लेकिन' नहीं सुनना चाहती।"

और उन्होंने फोन काट दिया और धम्म से सोफे पर पसर गईं। "बीबीजान, कार तैयार है।" एक सुरक्षाकर्मी ने आवाज लगाई। नफीसा आगे और कुछ भी बिना सोचे-समझे प्रवेशद्वार की ओर बढ़ गईं। आगे बढ़ने और उनके सैंडलों की आवाज परिसर की ओर आने लगी, जहाँ उनकी सफेद रंग की टोयोटा कैमरी खड़ी हुई थी। राज्य की मुख्यमंत्री का मार्गरक्षण करने के लिए दो जीप पहले से ही तैयार खड़ी थीं। स्थिति तनावपूर्ण थी, राज्य एक अजीब से प्रभाव में था। घटनाक्रम तब और भी अधिक अजीब हो गया, जब नफीसा और सुरक्षाकर्मियों ने सेना के तीन ट्रकों और भारतीय सीमा सुरक्षा बल की कुछ जीपों को मुख्यमंत्री आवास के मुख्य द्वार से भीतर आते हुए देखा।

सदमे और डर से भरे हुए उन पलों में, उन्होंने ट्रकों द्वारा खींचकर लाई जा रही एक सफेद रंग की एंबेसडर कार को देखा और बिल्कुल उसी क्षण सशस्त्र कंपनी ने उनके घर के ठीक सामने अपना डेरा जमा लिया। चश्मा लगाए हुए, मोटी-मोटी मूँछोंवाला एक आदमी, जिसका कद लगभग नेपोलियन बोनापार्ट से मिलता-जुलता था, कार के पिछले दरवाजे से उतरता हुआ दिखाई दिया। उसने अपने सधे हुए कदमों को मुफ्ती की ओर बढ़ाने के साथ ही बी.एस.एफ. के सशस्त्र सुरक्षाकर्मियों ने पूरे घर को अपने घेरे में ले लिया। नफीसा मुफ्ती भारत के राष्ट्रीय सुरक्षा सलाहकार विनीत जामवाल को बहुत अच्छे से पहचानती थीं।

"मुफ्तीजी, मुझे आशा है कि मैंने आपके कामों में कोई बाधा नहीं डाली है। मुझे लगता है कि आप किसी आवश्यक काम से कहीं बाहर जा रही थीं, क्या ऐसा है?" जामवाल अपना धूप का चश्मा हटाते हुए बोले।

नफीसा बुत बनकर खड़ी रहीं।

"हाँ," वे बुदबुदाईं और अपने सामने खड़े व्यक्ति से आँखें मिलाने का

प्रयास करने लगीं, लेकिन उनका हर प्रयास विफल रहा। उन्होंने थोड़ा साहस जुटाया और राज्य में अपनी अधिकारपूर्ण स्थिति को याद किया।

"क्या मैं जान सकती हूँ कि यह सब क्या हो रहा है, श्रीमान जामवाल?" उन्होंने दूसरी ओर देखते हुए पूछा।

वे मुसकराए और दूसरी ओर देखने लगे, अपनी जेब से मोबाइल फोन निकाला और कुछ ऐसा देखने लगे, जिसका मौजूदा स्थिति से कोई लेना-देना नहीं था। इसके बाद वे बोले, "यह शायद हर किसी के हित में है, जिससे आप वाकिफ नहीं हैं।"

मुफ्ती ने अब उनकी तरफ देखा, उनकी आँखें गुस्से से लाल हो गई थीं, जिसे उन्होंने अपने शांत व्यवहार में छिपा रखा था। "मैं आपसे अपने रास्ते से हटने के लिए कह रही हूँ। मैं कुछ जरूरी काम के लिए अपने कार्यालय जा रही हूँ। क्षमा करें।" वे अपने सुरक्षाकर्मियों को उनके कर्तव्य का निर्वहन करने का इशारा करते हुए बोलीं। जामवाल मुसकराते हुए वहाँ खड़े रहे, हालाँकि मुफ्ती के कर्मचारी अपनी जगह से हिले नहीं। उन्हें मौजूदा स्थिति के बारे में कुछ पता नहीं था, लेकिन वे स्थिति को अच्छे से समझ रहे थे।

"मूर्खो, वो कार अपने आप नहीं चलेगी। आगे बढ़ो।" मुफ्ती चिल्लाईं। उनके चालक ने पहले तो मुफ्ती का गुस्से से तमतमाया चेहरा देखा और फिर उसने स्वचालित असॉल्ट राइफलों से लैस 150 से भी अधिक व्यक्तियों की ओर नजर दौड़ाई। उसे अपनी पुरानी वफादारी के खिलाफ काम करने के लिए तैयार होने में कुछ सेकंड का समय लगा। मुफ्ती की आँखें और भी अधिक बड़ी और लाल हो गईं और वे अपने आदेशों का पालन न होते देख फटने को पूरी तरह से तैयार दिखीं।

"सुश्री मुफ्ती, कृपया शांत हो जाइए।" जामवाल बोले, "चिंता करने की कोई बात नहीं है। अपने कर्मचारियों को एक दिन की छुट्टी दे दीजिए। मैं आपको आपके कार्यालय तक छोड़ देता हूँ। ठीक है न?" वो महिला अब उनकी तरफ देखने तक से बच रही थी।

"मैं अपनी कार आपे आप ही चलाऊँगी। कृपया अपने आदमियों से मेरा रास्ता छोड़ देने के लिए कहिए?" उन्होंने सख्त लहजे में कहा।

जामवाल के चेहरे की मुसकान तुरंत उड़ गई। वे मजाकिया हो रहे थे, लेकिन और अधिक नहीं। उन्होंने सीधे उनकी आँखों में देखा। नफीसा ने एक क्षण के लिए सोचा कि उनके सामने खड़ा व्यक्ति एक पागल जैसा है।

"बहरहाल हम कहाँ जा रहे हैं? पथराव करनेवालों की अगुआई करने के लिए या फिर कुछ घरों को आग के हवाले करने और फिर मीडिया के सामने इस बात का रोना-पीटना मचाने के लिए कि देखो, कैसे भारतीय सुरक्षाबल स्थानीय लोगों का उत्पीड़न कर रहे हैं? मुझे बताइए और मैं बिल्कुल समय से आपको ठीक स्थान पर पहुँचा दूँगा।" वे बोले। एक पल को तो मुफ्ती की धड़कन ही रुक गई।

"बकवास," उन्होंने विरोध किया। "आप मुझे मेरे कार्यालय जाने से नहीं रोक सकते। आप इस राज्य की मुख्यमंत्री को चुनौती दे रहे हैं।" उन्होंने विनीत जामवाल को चुनौती दी।

"कृपया शांत हो जाइए, भद्र महिला! आपके प्रिय दिलशाद ने हमें यहाँ भेजा है। बी.एस.एफ. के मुख्यालय में उसका मेहमान की तरह 'इलाज' किया जा रहा है। आपको भी ऐसे 'घरेलू' इलाज की आवश्यकता है।" उन्होंने गुस्से के साथ कठोर और दृढ़ आवाज में कहा।

मुफ्ती ने उनकी तरफ घूरकर देखा।

'बकवास,' उन्होंने विरोध किया। "आप मुझे मेरा दायित्व निभाने से नहीं रोक सकते। आप इस राज्य की मुख्यमंत्री को चुनौती दे रहे हैं," उन्होंने विनीत जामवाल को चुनौती दी। ''नाटक करना बंद कीजिए! आपके प्रिय दिलशाद ने हमें यहाँ भेजा है। बी.एस.एफ. के मुख्यालय में उनका मेहमान की तरह 'स्वागत' किया जा रहा है। आपको भी ऐसे 'घरेलू' इलाज की आवश्यकता है," उन्होंने गुस्सा होते हुए कठोर और दृढ़ आवाज में कहा। मुफ्ती ने उनकी तरफ घूरकर देखा। "जम्मू-कश्मीर के लोगों के हित में,

आपको घर में नजरबंद किया जाता है। राज्य के मुख्यमंत्री के रूप में आपकी निहित शक्तियों को अगले आदेश तक निरस्त कर दिया गया है," जामवाल बोले। "अब अगर आप कृपया," वे बोले और नफीसा को घर में भीतर की ओर जाने का इशारा किया। "मैं शांति के साथ एक कप कॉफी पीना चाहता हूँ? हा-हा" वे व्यंगपूर्ण अंदाज में बोले।

~*~

अगली सुबह जामवाल मुख्यमंत्री आवास के खूबसूरत सजावटी बागीचे में बैठे हुए शानदार कश्मीरी काहवा की चुस्कियाँ ले रहे थे। उन्होंने घर में काम करनेवाले कर्मचारियों को हर पंद्रह मिनटों के अंतराल पर नफीसा मुफ्ती पर नजर रखने का आदेश दिया था। पूरे परिसर के आसपास अभेद्य सुरक्षा की व्यवस्था की गई थी और आसपास के क्षेत्र में मीडिया से जुड़े किसी व्यक्ति तक को आने की अनुमति नहीं थी। जामवाल ने अपने अन्य अधिकारियों को राज्य में भारत सरकार द्वारा एक अप्रत्याशित योजना को निष्पादित करने के लिए बुलाया।

"हैलो। जय हिंद, मलिक। आपका सेक्टर कैसा चल रहा है?" जामवाल ने सैटेलाइट फोन पर पूछा।

"अबतक तो सबकुछ ठीक है, सर! मैंने पुंछ के निचले क्षेत्र में जरा-बहुत गड़बड़ी के बारे में सुना था।" अमन मलिक ने कहा।

"अंदरुनी या भीतरी रिएक्टर?"

"पता नहीं, सर!"

"ठीक है। मुझे जानकारी देते रहना। 20,000 और सैनिक आज आ रहे हैं।" वे बोले।

"जी, सर! मुझे इस बात की उम्मीद है कि हमें उनका उपयोग नहीं करना पड़ेगा।" मलिक बोले।

"हा हा। आशा करते हैं कि यह उनके लिए एक अच्छी छुट्टी साबित

हो। आपने मुझे जिस क्षेत्र के बारे में बताया, मैं उसे व्यक्तिगत तौर पर देखता हूँ। निचला पुंछ, ठीक है, न?"

"बिल्कुल, सर!"

कॉल के खत्म होते ही कर्मचारियों में से एक दौड़ता हुआ जामवाल के पास आया। "साहेब, साहेब!" उसकी आवाज कँपकँपा रही थी।

"हाँ, क्या हुआ?" जामवाल ने पूछा।

"बीबी दरवाजा नहीं खोल रही हैं। उन्होंने खुद को अंदर बंद कर लिया है। पिछले एक घंटे से अंदर से कोई आवाज नहीं सुनाई दे रही है।" उसने जानकारी दी।

"हो सकता है कि वो सो रही हों।" जामवाल बोले।

"मुझे नहीं पता। वो इस समय तक कभी नहीं सोती हैं। कुछ-न-कुछ तो गड़बड़ है।" उस व्यक्ति ने घबराते हुए कहा।

जामवाल को अपने एक अधिकारी और एक जवान को दरवाजे को तोड़कर खोलने का आदेश देने में एक सेकंड का समय लगा। उन लोगों को नफीसा फर्श पर पड़ी हुई मिलीं।

"या अल्लाह, क्या हुआ?" उनकी घरेलू सहायिकाओं में से एक चिल्लाई।

"बिल्कुल चुप रहो।"

अधिकारी ने कहा। जामवाल एक ही क्षण में मुफ्ती की नब्ज जाँचकर इस नतीजे पर पहुँच गए कि वे चिकित्सीय आपातकाल का नाटक कर रही हैं।

"रवि, चिकित्सकों के एक दल को बुलाओ, एहतियात के लिए।" जामवाल बोले और एक छोटी सी टीम के साथ एक बख्तरबंद वाहन में बैठकर निचले पुंछ की ओर चल दिए।

~*~

निचला पुंछ उस समय उतना ही शांत था, जितने राज्य के बाकी के हिस्से थे। सिर्फ उड़ते हुए एम.आई.-17 हेलिकॉप्टरों की आवाज अपनी उपस्थिति को दर्ज करवा रहे थे और स्थानीय पक्षियों की कभी-कभार चहकने की आवाज शांति को भंग कर रही थी। चार जवान उतरकर अपनी गाड़ी से बाहर निकले और भारतीय एन.एस.ए. के लिए सुरक्षा घेरा बनाकर खड़े हो गए।

केंद्र सरकार ने पिछले दिन कर्फ्यू लगाने का ऐलान कर दिया था। जामवाल ने पुराने घरों की ओर देखा। वहाँ पर देखने लायक कुछ खास नहीं था और कुछ दूरी पर सिर्फ झाँकती हुई कुछ आँखें और सिर दिखाई दे रहे थे, सिर्फ दवाओं और आवश्यक सामानों को बेचनेवाली कुछ दुकानें ही खुली हुई थीं। प्रत्येक मोड़ और चौराहे पर पुलिस की एक जीप पहरा दे रही थी। सार्वजनिक स्थानों पर तीन से अधिक लोगों को इकट्ठे होने की अनुमति नहीं थी। क्षेत्र के प्रत्येक निवासी को हर समय अपने साथ अपना पहचान पत्र लेकर चलने का निर्देश दिया गया था। जामवाल घाटी की तरफ मुड़े और पेड़ों के पीछे देखने लगे। उस ढलान के नीचे जिसपर कोई बड़े आराम से ऊपर या नीचे आ-जा सकता था, देवदार के जंगली पेड़ खड़े थे। एन.एस.ए. ने उस ढलान पर अपने कदम रखे।

"चारों ओर देखो और अगर आपको कुछ भी असामान्य दिखाई दे तो उसकी सूचना दो।" उन्होंने जवानों को निर्देश दिया।

कुछ ही पलों की गहन और तेज छानबीन ने उस गड़बड़ी के संभावित कारण का पता बता दिया, जो पिछली रात घटी थी।

"इधर, इसे देखो?" जामवाल उस पढ़ाई पर चढ़े, थोड़ी उखड़ी हुई साँस के साथ और उनके हाथ में मोर्टार का एक खोल था। "यह उस तरफ से आया है।" वे बोले और उन्होंने उस बड़ी घाटी के दूसरी ओर इशारा किया, वो क्षेत्र जो पाकिस्तान का था।

"आसपास के क्षेत्र में उग्रवादी हो सकते हैं। इस क्षेत्र के सी.ओ. को आदेश दीजिए कि वे चोटी के आसपास के इन बिंदुओं पर मशीनगनों को

तैनात करें। इसके अलावा, उन्हें इस क्षेत्र के संदिग्ध लोगों के घरों की भी अच्छे से तलाशी लेने को कहें। किसी ने उस पारवालों को क्षेत्र में संभावित गतिविधियों के बारे में जरूर सचेत किया होगा। वे यहाँ पर गड़बड़ी फैलाना चाहते हैं।" वे उस खोल को फेंकते हुए बोले।

जामवाल ने कुछ सोचा और निचले पुंछ के क्षेत्र में ही रुकने का फैसला किया। "आप लोग आगे बढ़िए। चौकस रहें। मैं यहीं पर हूँ।" वे बोले।

"सर, हम आपको असुरक्षित नहीं छोड़ सकते।" एक वरिष्ठ कर्मी ने उनके सामने अपनी चिंता उठाई।

"मैं बिल्कुल ठीक रहूँगा, भट्टजी," वे बोले। "मैं सिर्फ उस परेशानी को ढूँढ़ने की कोशिश कर रहा हूँ, जो हमारे आसपास ही कहीं छिपी हुई है। इस काम को सिर्फ यहीं किया जा सकता है। कृपया आगे बढ़ते रहें।" जामवाल बोले।

बख्तरबंद वाहन की गड़गड़ाहट शुरू हो गई और वो वापस मुख्यमंत्री आवास में पहुँच गया।

जामवाल ने ताजी हवा में साँस लेते हुए अपनी कलाई घड़ी की ओर देखा। 'लगभग हो ही गया।' उन्होंने मन-ही-मन सोचा। इसके बाद वे अपने स्थान से लगभग 100 मीटर दूर पुलिस के वाहन की ओर चल दिए। मोड़ के नजदीक खड़े उस वाहन के पास से ही दो सड़क गुजरती थीं और मोड़ पर दैनिक उपभोग के सामान की एक दुकान थी और एक खोमचा बना हुआ था, जिसपर चाय, आमलेट और सिगरेट बिक रहे थे। जामवाल के उस वाहन की ओर बढ़ने के साथ ही, वहाँ पर मौजूद अफसरों ने उन्हें पहचान लिया और उन्हें सलाम किया।

"चौकी के क्या हाल हैं··· ?" जामवाल ने इंस्पेक्टर के बैच को पढ़ते हुए कहा, "इंस्पेक्टर सिंह ? सबकुछ कैसा चल रहा है ?"

"ठीक है सर! कल रात घाटी के उस पार से हलकी गोलीबारी हुई। खबर सिर्फ यह है।" इंस्पेक्टर सिंह ने रिपोर्ट दी।

"और लोग?"

"अधिकतर अंदर ही हैं। कुछ शाम के समय जरूरत की चीजों को खरीदने के लिए घूमते दिख रहे हैं। सामान्य नागरिकों के स्तर पर अधिक आवाजाही नहीं है, सर!"

"ठीक," एन.एस.ए. बोले और सड़क के किनारेवाले खोमचे की ओर बढ़ गए। इंस्पेक्टर उनका साथ देने के लिए पीछे-पीछे दौड़ा।

"जय हिंद, मुझे एक सिगरेट दीजिए।" जामवाल ने खोमचेवाले से कहा। उसकी लंबी-सफेद दाढ़ी उसके पेट को छू रही थी, आँखें एक ऐसे किशोर का इशारा दे रही थीं, जो दुनिया को देखना चाहता है और उसका शरीर करीब 60 साल का होनेवाला था। उसने एक ही बार में डनहिल का पैकेट निकाला।

"धन्यवाद, मेरे लिए एक सैंडविच भी बना दीजिएगा, मियाँ," जामवाल बोले। "क्या आप लोग भी कुछ लेना पसंद करेंगे?" उन्होंने इंस्पेक्टर और उनकी टीम से पूछा। उन्होंने 'न' में जवाब दिया।

एन.एस.ए. जामवाल बहुत बारीकी से उस बूढ़े दुकानदार को काम करते हुए देख रहे थे। वे कैसे बरतनों के बीच काम कर रहे हैं, चाय को एक बरतन से दूसरे में डाल रहे हैं और कपड़े के थैले में सिगरेट की डिब्बी को खोज रहे हैं। उस बुजुर्ग चाय बेचनेवाले ने ब्रेड के दो ताजे टुकड़े निकाले और उनके सख्त किनारों को एक तेज धारवाले चाकू से काटकर अलग कर दिया। उन्होंने ब्रेड के उन दोनों टुकड़ों को मार्बल की एक पटिया पर रख दिया, खीरे के चार रसभरे टुकड़ों को काटा, एक रसीले टमाटर को काटा और उन्हें एक टुकड़े के ऊपर रख दिया। उस बुजुर्ग व्यक्ति ने ब्रेड के दूसरे टुकड़े पर चीज का एक टुकड़ा और सबसे खूबसूरत हॉफ-फ्राई अंडे से सजा दिया। ब्रेड के उन दोनों टुकड़ों को आपस में मिला दिया गया और कुछ सेकंडों तक ग्रिल किए जाने के बाद वो प्लेट में था। विनीत जामवाल सैंडविच बनाने की इस पूरी प्रक्रिया में शांति को तलाशने का प्रयास कर रहे

थे। उस व्यक्ति ने इस काम को जिस कौशल के साथ निष्पादित किया वो शानदार और सुकून देनेवाला था।

उन्होंने जैसे ही सिगरेट को अपने जूते के नीचे कुचलकर बुझाया और पहले कौर को अपने मुँह में रखा, उनके मस्तिष्क को बड़ी शांति मिली। "शुक्रान, मियाँ," उन्होंने उस बुजुर्ग व्यक्ति के प्रति अपना आभार प्रकट किया। "आप यहाँ पर कितने समय से काम कर रहे हैं, मियाँ?" उन्होंने पूछा।

"25 साल," उस बुजुर्ग व्यक्ति ने जवाब दिया। "मैं यहाँ पर एक रिफ्यूजी के तौर पर आया था। इस जमीन ने मुझे अपना लिया। मैं तभी से यहाँ पर रह रहा हूँ और अब मेरी तमन्ना है कि मैं अपनी आखिरी साँस यहीं पर लूँ।" उस व्यक्ति ने रुँधे हुए गले के साथ कहा।

"आप ऐसा क्यों कह रहे हैं, मियाँ? और, क्या मैं आपका नाम जान सकता हूँ? मेरा नाम विनीत है।"

"मेरा नाम हाजी सदातुल्ला है।" उस बुजुर्ग व्यक्ति ने वार्त्तालाप को खत्म करने का संकेत दिया। बातचीत उस समय लगभग खत्म-सी हो गई, जब उस बुजुर्ग व्यक्ति ने अपने पास मौजूद रेडियो को चालू किया, जो प्रसारण को टुकड़ों में पकड़ पा रहा था।

रोजमर्रा के सामानों को बेचनेवाला दुकानदार अब थोड़ी देर के वार्त्तालाप को सुन रहा था। "हर कोई यहाँ आना चाहता है। हर कोई यहाँ ही मरना चाहता है।" उस व्यक्ति ने बिना किसी की ओर इशारा करते हुए कहा।

"हुँह!" जामवाल एक पल के लिए हक्के-बक्के रह गए।

"आप कुछ कह रहे थे?" उन्होंने उस आदमी को और बोलने का आग्रह किया।

"यह एक खूबसूरत कश्मीर है। हर कोई इसमें हिस्सा चाहता है। सीमा पार के 'ये' लोग और भारत सरकार भी जो कुछ नहीं समझती है।" वो दुकानदार बोला। उनके चुभनेवाले शब्दों ने जामवाल को चोट-सी पहुँचाई, जिन्होंने कोई भी स्पष्टीकरण देने से परहेज किया।

उस बुजुर्ग दुकानदार के रेडियो ने अचानक एक टूटता हुआ प्रसारण पकड़ लिया—केंद्र सरकार ने घोषणा की है कि अनुच्छेद 370 को निरस्त किया जाता है…कश्मीर…भारतीय संविधान…लागू किया गया…नागरिकों के अधिकार…ऐतिहासिक कदम…आतंकवाद और दमन का अंत…बड़ी खबर।

उस दुकानदार ने हक्के-बक्के होकर रेडियो की ओर देखा। जामवाल और इंस्पेक्टर मुसकरा दिए।

जामवाल ने दुकान के काउंटर की ओर कदम बढ़ाया और मिठाई माँगी। दुकानदार ने उनके हाथों में मिठाई रख दी।

"200 रुपए।" वो बोला। जामवाल ने उसे पैसे चुकाए और दुकानदार और सैंडविच बनानेवाले को मिठाई के लिए पूछा।

"यह मिठाई किस चीज के लिए, मियाँ?" कमजोर-से दिखाई देनेवाले, लेकिन प्रसन्नचित्त सदातुल्ला ने अपने छोटे से खोमचे को साफ करते हुए जामवाल से पूछा।

"अनुच्छेद 370 को निरस्त कर दिया गया है। जम्मू और कश्मीर अब आजाद हो गए हैं। इस राज्य के प्रत्येक निवासी के पास अब भारतीय नागरिक जैसे अधिकार होंगे…" उन्होंने पुलिस जीप की ओर अपने कदम बढ़ाते हुए कहा।

मेरा देश जिंदाबाद!

जय हिंद!

□□□